DER SEELENSPIEGEL
UND SEINE GESCHICHTEN

BAND 1

von Christina Meier

AF219706

Für meine Kinder
Lisa, Lukas und Elias
Das Leben findet immer seinen Weg…

Ich danke meiner Tochter Lisa für das geduldige Zuhören und ihre ehrliche Meinung zu meinen Geschichten, meinem Sohn Lukas für die Bearbeitung des Buchsatzes und anderer technischer Feinheiten und meinem Sohn Elias für die täglichen Inspirationen, die er mir immer wieder schenkt.

Christina Meier

DER SEELENSPIEGEL

UND SEINE GESCHICHTEN

BAND 1

Bibliografische Information der Deutschen
Nationalbibliothek:
Die Deutsche Nationalbibliothek verzeichnet diese
Publikation in der Deutschen Nationalbibliografie;
detaillierte bibliografische Daten sind im Internet über
http://dnb.dnb.de abrufbar.
© 2021 Christina Meier
Lektorat: Christina Meier
Korrektorat: Christina Meier
Buchsatz: Lukas Meier
Covergestaltung: Florin Sayer-Gabor von
www.100covers4you.com
Spiegel: Stock-Fotografie-ID: 525655923 von Sutichak
Herstellung und Verlag: BoD – Books on Demand,
Norderstedt
ISBN: 9783755712381

INHALT:

DER SEELENSPIEGEL

Herr Lindemann war ein Geschäftsmann wie er im Buche steht: Stets sah er adrett gekleidet und gepflegt aus. Er hatte eine gute Figur, für deren Erhalt er täglich ein zweistündiges Fitnessprogramm durchführte und er arbeitete mindestens 12 Stunden täglich, um sein Unternehmen zu dem erfolgreichsten seiner Art werden zu lassen.

Von Müßiggang und Gemütlichkeit hielt er nichts und ließ dies auch immer wieder seine Angestellten wissen. Diese bemühten sich, es ihm gleichzutun und verzichteten oftmals – sehr zum Leidwesen ihrer Familien – auf ihr freies Wochenende, ihren pünktlichen Feierabend oder gar ihren Urlaub, um es dem gestrengen Chef Herrn Lindemann recht zu machen. Für diesen zählte nämlich nur Erfolg um jeden Preis und es kam ihm nicht in den Sinn, dass man auch die Annehmlichkeiten des Lebens genießen könnte, ohne dass dies dem Erfolg schadete.

Von dieser Meinung war er durch nichts auf der Welt abzubringen.

Doch um sich diese wieder und immer wieder bestätigen zu lassen, ging der erfolgreiche Herr Lindemann einmal wöchentlich am Hauptbahnhof der Landeshauptstadt spazieren – oder besser gesagt: stolzieren – und ergötzte sich am Leid der anderen. Denn dort gab es viele Obdachlose, Drogensüchtige und andere arme Gestalten zu sehen, die ihr klägliches Dasein fristeten und Herrn Lindemann daran erinnerten, wie gut er es doch getroffen hatte. Von diesen Menschen hob er sich ganz klar ab und fühlte sich gleich wieder in seinem Tun bestätigt. Widerwillig besah er sich die Menschen, die dort mitten auf dem Gehweg beieinandersaßen, ihre wenigen Habseligkeiten auf dem Boden ausgebreitet hatten und sich mit Alkohol oder Drogen in ein nicht vorhandenes Nirvana beförderten.

Er dagegen hatte doch alles richtig gemacht: Er besaß ein großes Haus auf dem Land, eine Yacht, für die er leider viel zu wenig Zeit hatte und ein schickes Auto, mit welchem er fahren konnte, wohin sein Herz ihn trieb. Nur komisch, dass genau dieses Herz ihn immer wieder hierherschickte. Es war, als übten diese armen Menschen, die tagein und tagaus auf der Straße herumlungerten, einen eigentümlichen Reiz auf ihn aus. Irgendwie faszinierte es ihn – dieses Leben auf der Straße, das doch so ganz anders als sein eigenes Leben war. Und so trieb es ihn mit der Zeit immer öfter zu den Obdachlosen und Drogensüchtigen, den Menschen, die scheinbar in den Tag hineinlebten, ohne sich um eine Zukunft zu kümmern, die vermutlich ohnehin niemals kam.

Manchmal war ihm, als sei er auf der Suche nach etwas, was ihm abhandengekommen war. Er konnte nicht sagen, was es war und er würde es doch unmöglich bei diesen armen Menschen hier finden können. Aber da gab es etwas, was ihn hierherzog und ihm scheinbar fehlte – und immer öfter ertappte er sich bei dem Gedanken, dass dieses Etwas womöglich nicht mit Geld zu kaufen war. Als er eines Tages wieder einmal in den Straßen rund um den Bahnhof herumschlich, um sich den augenscheinlichen Gegensatz zwischen den Menschen hier und sich selbst bewusst zu machen, kam er an einer kleinen Hofeinfahrt vorbei, in der einige Anwohner einen kleinen Straßenflohmarkt betrieben.

„Was für ungebildete, armselige Menschen, die sich hier wertlosen, alten Plunder kaufen. Gut, dass ich nicht so bin wie diese Menschen hier. Wenn ich etwas kaufe, dann muss es Hand und Fuß haben und natürlich neu und sauber sein.

Flohmarkt! Unfassbar, auf was für Gedanken arme Menschen so kommen."

So und so ähnlich dachte er, als er sah, dass es tatsächlich zahlreiche Menschen gab, die in den Hof hineinspazierten und sich den Trödel anschauten, der hier feilgeboten wurde. Nicht wenige verließen den Hof mit einer neuen Errungenschaft, die sie – scheinbar glücklich und hochbefriedigt – nach Hause trugen. Seltsam: Er fühlte sich nie glücklich, wenn er etwas Neues kaufte. Nicht einmal so richtig befriedigt. Warum nur schienen sich diese Menschen über so alten Plunder zu freuen? Wie konnte solch wertloses Zeug einem Menschen auch nur ein noch so kleines Lächeln auf das Gesicht zaubern?!

Ob ihm, der sich alles kaufen konnte und der scheinbar alles hatte, was er benötigte, womöglich doch etwas Entscheidendes fehlte?

Irgendwie zog es ihn bei diesem Gedanken in den Hof hinein, wo der kleine Flohmarkt in vollem Gange war.

Was es da alles zu sehen gab: Alte Keramikteller und noch ältere Flaschen und Krüge, Kerzenständer, Eierbecher und sogar antike Weingläser. Irgendwie schien ein Zauber über diesen Dingen zu liegen. Denn je länger er sie betrachtete, desto hübscher und anziehender erschienen sie ihm. Bald kam ihm sein eigenes, hochmodernes und streng akkurates Zuhause ganz leer und tot vor, wenn er daran dachte. Diese Dinge dagegen sprühten nur so vor Leben und er fühlte, dass er hier womöglich die Antwort auf seine Fragen finden könnte.

Immer weiter zog es ihn in den Hof hinein, in dem links und rechts der Mauer entlang lange Reihen von Tischen aufgestellt waren, auf denen die wundersamsten Dinge angeboten wurden.

Da sprach ihn einer der Händler an: „Guten Tag, mein Herr. Sie sind bestimmt auf der Suche nach etwas ganz Besonderem, nicht wahr? Man sieht ja gleich auf den ersten Blick, dass Sie ein Herr von Welt sind. Womöglich ist es sogar so, dass dieses Etwas, welches Sie suchen, auch auf der Suche nach Ihnen ist? So wie zwei Dinge, die zusammengehören und in Wirklichkeit Eines sind?"

Ja, das war ja nicht zu glauben! Wie konnte dieser einfache Flohmarkthändler wissen, was in ihm vorging? War dies am Ende doch gar kein gewöhnlicher Flohmarkt, sondern ein magischer Ort, an dem Märchen wahr wurden und seltsame, unerklärliche Dinge geschehen konnten?!

Mit einem Male fühlte sich der sonst so kühle und eher nüchtern denkende Herr Lindemann so lebendig wie noch nie zuvor. Unbefangen ging er mit dem Händler zusammen zu einem Tisch, der durch einen Vorhang von den anderen Tischen abgetrennt, auf einem kleinen Podest stand. Doch seltsam: Auf diesem Tisch stand nur ein einziger Gegenstand: Es war ein halbhoher Tischspiegel, der von einem vergoldeten Messingstandbein gestützt und einem ebensolchen vergoldeten und reichlich verschnörkelten Rahmen gehalten wurde. Der Spiegel selbst hatte eine runde Form. Drehte man den Spiegel um, konnte man die 12 Sternzeichen des Tierkreises bewundern, die in einer Kreisordnung angebracht waren. In der Mitte dieses Tierkreises war an einer einfachen Schnur eine Art Pendel befestigt, welches sich aber momentan nicht bewegte.

In dem Augenblick, als Herr Lindemann diesen Spiegel sah, wusste er, dass er ihn um jeden Preis haben musste. Doch Herr Lindemann – ganz gewitzter Geschäftsmann – wäre nicht Herr Lindemann gewesen, wenn er nicht wenigstens ein wenig versucht hätte, den Preis zu drücken.

So wollte er den Händler seine Begeisterung über diesen Spiegel nicht bemerken lassen und meinte: „Der ist ja nur mit goldener Farbe übermalt, wohl um seine Wertlosigkeit zu kaschieren, wie? Also, wie echt antik wirkt der nicht auf mich."

„Guter Mann, glauben Sie mir: Dieser Spiegel hat versteckte Qualitäten, die Ihr Leben verändern können. Nicht immer kann man von außen erkennen, welcher Art der Inhalt ist. Hüten Sie sich also vor Vorurteilen, mein Herr, sonst könnten Sie eines Tages an Ihrem Glück vorübergehen, ohne es zu bemerken. Ich mache Ihnen einen Vorschlag: Sie nehmen den Spiegel mit, ohne dass Sie mir dafür etwas geben. Sollten Sie ihn mir allerdings eines Tages zurückbringen wollen, wird eine Gebühr von 50 Euro fällig. Wie denken Sie über meinen Vorschlag?"

„Sie wollen ihn mir schenken? Aber warum das? Sehe ich aus, als hätte ich es nötig? Und warum sollte ich ihn Ihnen zurückbringen? Wenn er mir nicht mehr gefällt, kann ich ihn doch einfach auf den Sperrmüll stellen, da nimmt ihn bestimmt jemand mit", meinte Herr Lindemann, der sich insgeheim schon in das gute Stück verliebt hatte.

„Wenn Sie seiner überdrüssig sind, bringen Sie ihn mir zurück und ich erhalte 50 Euro von Ihnen. Das sind die Bedingungen. Anderenfalls bekommen Sie den Spiegel nicht. Sie müssen wissen: Dies ist, wie gesagt, kein gewöhnlicher Spiegel: Wenn Sie das Pendel bis zu Ihrem Sternzeichen ziehen, pendelt es von allein weiter. Dann erst drehen Sie den Spiegel um und sehen hinein. Was danach passiert, wird Ihr ganzes Leben verändern, glauben Sie mir."

„Also gut, ich nehme den Spiegel mit Dank an und verspreche, ihn zu Ihnen zurückzubringen, wenn ich ihn nicht mehr behalten möchte. Doch wie finde ich Sie? Haben Sie vielleicht eine Visitenkarte für mich?", fragte der Beschenkte, der es kaum noch erwarten konnte, mit dem Spiegel nach Hause zu kommen und die Geschichte mit dem Pendel auszuprobieren.

„An jedem Tag vor Neumond werden Sie mich genau hier finden. Sie können mich gar nicht verfehlen. Ich wünsche Ihnen alles Gute bis dahin." Umständlich packte der Händler noch den recht unhandlichen Spiegel erst in Zeitungspapier und dann in eine große Tasche hinein. Diese überreichte er dem verdutzten Herrn Lindemann, der urplötzlich Besitzer dieses seltsamen Ungetüms geworden war. Ein letztes Mal nickten sich die beiden Herren zu, dann verließ Herr Lindemann den Hof, auf dem noch immer ein reges Treiben herrschte. Doch Herr Lindemann hatte nun weder Ohren noch Augen für das Geschehen ringsum. In Gedanken war er bereits zu Hause und überlegte sich ausgiebig einen gebührenden Platz für seine neue Errungenschaft.

Auch auf der Fahrt nach Hause konnte er an nichts anderes mehr denken, als daran, dass der Spiegel einen besonderen Platz bekommen musste, an dem er die Sache mit dem Pendel bei nächster Gelegenheit ausprobieren konnte. Was wohl geschehen würde, wenn er das Pendel bewegte? Der Händler hatte so geheimnisvoll getan. Bald würde er es wissen. Schon jetzt hatte der Spiegel sein Leben verändert, das spürte er genau. Seit langem hatte er sich nicht so lebendig gefühlt wie jetzt, da der Spiegel in sein Leben getreten war. Herrlich dieses Gefühl, sich einmal von etwas überraschen zu lassen, anstatt immer alles minutiös vorauszuplanen, wie er es sonst immer tat.

Kaum zu Hause angekommen, ging Herr Lindemann direkt in sein Arbeitszimmer und räumte alles fort, was sich auf seinem Schreibtisch befand. Ehrfürchtig stellte er den Spiegel dorthin, wo wenige Minuten zuvor noch die Ablage und andere Utensilien gelegen hatten.

Dies hier war jetzt wichtiger! Er wollte keine Zeit verlieren. Schließlich wollte er wissen, was es mit diesem Spiegel auf sich hatte. Also drehte er den Spiegel um und besah sich den Tierkreis, der sich am äußersten Rand der Spiegelrückseite befand. Er selbst war Steinbock. Deshalb zog er die Schnur mit dem Pendel bis nach oben zu dem kleinen Steinbockzeichen und berührte dieses mit dem Pendel. Sofort begann das Pendel von ganz allein hin und her zu schwingen. Dabei machte es bei jedem Pendelschlag ein seltsames Geräusch, das dem Klang einer Glocke ähnelte. Nun drehte Herr Lindemann den Spiegel erneut um, so dass er in den Spiegel hineinschauen und sein Gesicht erkennen konnte. Doch was war das? Irgendetwas passierte da mit seinem Gesicht. War es überhaupt noch seines oder nicht vielmehr das Gesicht eines Fremden, welches ihn da aus dem Spiegel heraus anschaute?

Denn wo zuerst noch eine adrette Frisur sein gepflegtes Gesicht umgab, wuchsen jetzt fettige, lange Zotteln hervor. Auch die Haut schien nicht mehr glatt und rosig zu sein. Überall wucherten mit einem Male hässliche Pickel, aus denen zum Teil ekelerregender, hellgelber Eiter hervorquoll.

Das durfte doch nicht wahr sein! Was war denn mit diesem Spiegel los?! Der zeigte ja gar nicht sein wahres Gesicht, sondern irgendeine ekelerregende Maske, die nichts mehr mit ihm gemeinsam hatte. Doch so schnell gab ein Herr Lindemann nicht auf.

Jetzt wollte er es wissen, öffnete seine Lippen und setzte sein schönstes Lächeln auf. Doch oje: Nicht seine ebenförmigen, weißen Zähne kamen zum Vorschein, sondern einige gelbbraune Stummel und Lücken lächelten ihm grimmig entgegen. Fassungslos wollte er dem Spiegel den Rücken zukehren, um sich im Badezimmerspiegel zu vergewissern, dass er immer noch sein gewohntes Aussehen hatte und dieser Spiegel scheinbar ein unerklärliches Eigenleben führte.

Da rief ihn irgendjemand zurück. Das musste diese schreckliche Person sein, die ihm da im Spiegel entgegengeblickt hatte.

Ja, tatsächlich. Dieser dreckige Bursche rief ihn beim Namen: „Hey, Lindemann, du kannst nicht vor mir weglaufen. So lange suche ich dich schon. Jetzt ist unsere Chance gekommen, uns einmal richtig kennenzulernen." Es ertönte ein schreckliches Lachen, das dem geräuschempfindlichen Lindemann durch Mark und Bein ging.

„Richtig kennenlernen? Was heißt das denn? Was haben wir beide denn miteinander zu schaffen?", fragte Lindemann das Pickelgesicht im Spiegel.

„Mit solch ungepflegten Leuten wie dir habe ich im Allgemeinen nicht das Geringste zu tun. Wir beide haben nichts, aber auch gar nichts gemeinsam", wiederholte er noch einmal, wie um sich selbst zu vergewissern, dass dies der Wahrheit entsprach.

„Ja, ich weiß, das ist ja das Problem. Du hast es zu weit getrieben, bis zum letzten Anschlag sozusagen. Komm näher, Lindemann und schau mich einmal richtig an. Jetzt sage ich dir etwas: Mit jedem weiteren Tag, an dem du meinst, du seist anders als andere Menschen, wirst du etwas kleiner werden, bis irgendwann nichts mehr von dir übrigbleibt. Nur ich kann dir helfen, wieder zu deiner normalen Größe heranzuwachsen. Doch immer, wenn du denkst: So bin ich nicht und so bin ich nicht, wirst du schrumpfen und schrumpfen. Denn alles, was du nicht bist, wird dir zu deiner wahren Größe fehlen. Vielleicht überlegst du dir ab jetzt, ob es richtig ist, über andere Menschen zu urteilen, sich über sie zu erheben und die Welt dadurch in Gut und Böse zu teilen."

„Ich soll jeden Tag etwas kleiner werden? Soll das ein Witz sein? Wie willst du das denn anstellen, du elender Nichtsnutz? Du bist doch nichts als eine Fata Morgana, die meint, Macht über die Wirklichkeit zu haben!"

Nun war es an Herrn Lindemann lauthals zu lachen. Doch so ganz echt klang sein Lachen nicht, das spürte er. Da kam ihm eine Idee: Er konnte den Spiegel doch ganz einfach wieder loswerden. Warum sollte er bis zum nächsten Neumond warten, um dem unverschämten Händler seinen seltsamen Spiegel wieder zurückzugeben und dann auch noch 50 Euro dafür zu bezahlen? Er würde den Spiegel samt Tasche einfach in die Mülltonne werfen und dann wäre er das Ding los.

Gesagt – getan: Er packte den Spiegel, steckte ihn zurück in die geblümte Tasche und warf diese draußen in die Mülltonne. Er fühlte sich wie von einem Alptraum befreit, als er zurück ins Haus ging. Schrumpfen! Was für eine blöde Idee! Überhaupt! Was war das doch für ein dummes, gemeines Spiel? Denn etwas anderes konnte es doch unmöglich sein!

Er ging geradewegs ins Arbeitszimmer und blieb wie erstarrt im Türrahmen stehen. Denn sein Blick fiel direkt auf den Spiegel, den er wenige Augenblicke zuvor samt Tasche in die Mülltonne vor der Tür geworfen hatte.

Das konnte nicht sein!!! Er wurde doch nicht etwa langsam verrückt? Da wollte wohl jemand sein Unwesen mit ihm treiben und ihn ganz arg an der Nase herumführen? Immerhin gab es ja genug Leute, denen er im Laufe der letzten Jahre auf die Füße getreten war. Wahrscheinlich erlaubte einer dieser Zeitgenossen sich einen bösen Scherz mit ihm. Na, der sollte etwas erleben, wenn er ihn zu fassen bekam. Diese Menschen hatten scheinbar nichts Besseres zu tun, als ihm, der doch stets um korrektes Handeln seinen Nächsten gegenüber bemüht war, das Leben schwer zu machen.

Da stolperte er plötzlich über seine eigenen Füße – oder besser gesagt Schuhe. Denn diese schienen ihm mit einem Male nicht mehr zu passen. Eben noch stieß er mit dem großen Zeh vorne an, im nächsten Moment waren die Schuhe mindestens um eine Größe zu groß. Wie konnte das sein? War er etwa tatsächlich geschrumpft? Ach was, so etwas Verrücktes, dachte er grimmig. Wahrscheinlich waren die Schuhe ohnehin ein wenig zu groß gewesen, als er sie gekauft hatte. Aber komisch war das schon.

Jetzt erscholl wieder diese grässliche Stimme aus dem Spiegel: „Na, bist du immer noch nicht überzeugt? Setz dich wieder zu mir und höre mir zu", befahl diese widerliche Gestalt. Wie betäubt ging Herr Lindemann auf den Tisch mit dem Spiegel zu und setzte sich davor. Irgendetwas ging hier nicht mit rechten Dingen zu! Aber so schnell würde er sich nicht geschlagen geben. Er würde schon noch herausfinden, was es mit dem Spiegel auf sich hatte. Und dann könnte, wer auch immer ihm diesen makabren Streich spielte, etwas erleben!

„Begreife die Situation als Chance, deinem Leben eine Wende zu geben. Sonst sorge ich dafür, dass von dir nicht einmal mehr eine Erinnerung übrigbleibt. Ich werde dir nun jeden Tag eine Aufgabe geben, die du erfüllen musst, damit du deinem wahren Spiegelbild Stück für Stück ähnlicher wirst und so dann das kosmische Gleichgewicht wieder hergestellt ist."

„Was meinst du damit, dass ich meinem Spiegelbild ähnlicher werden soll? Du meinst doch nicht etwa dich damit? Denkst du im Ernst, dass ich aussehen möchte wie du, du pickeliges, ungepflegtes Ungetüm von einem Nichtsnutz? Dir ist doch schon die Faulheit ins Gesicht geschrieben, du elender Tagedieb, du!", erboste sich Herr Lindemann.

Schon der bloße Gedanke daran, er könne dieser Gestalt im Spiegel auch nur im Entferntesten ähneln, ließ ihn erschaudern. Da bemerkte er, dass seine Hose zu rutschen anfing und auf einmal um einige Zentimeter zu lang und zu breit war. Es war nicht zu fassen: Er schrumpfte tatsächlich! Herr Lindemann wollte dem Ganzen ein für alle Mal ein Ende bereiten. Schnell schlüpfte er aus der Hose und machte sich auf den Weg zum Keller, um dort einen Hammer zu holen. Mit diesem würde er das blöde Ding kaputthauen, bis nichts mehr davon übrigblieb. Dann würde der hässliche Kerl ja mal sehen, wer hier bis zur Unkenntlichkeit schrumpfte.

Doch als er an der Kellertreppe angekommen war, musste er feststellen, dass diese viel höher und steiler war, als er sie in Erinnerung hatte. Ob das wohl etwas damit zu tun hatte, dass er bereits einige Zentimeter kleiner war als früher? Auch der

Lichtschalter war so weit oben, dass er kein Licht anmachen konnte. Er konnte aber ohne Licht unmöglich heil die Treppe hinuntergelangen. Ob er so überhaupt noch fähig war, den Hammer nach oben zu tragen, war ebenfalls fraglich.

Reumütig ging er zurück ins Arbeitszimmer und setzte sich kleinlaut vor den Spiegel.

„Was soll ich tun?", fragte er.

„Ruf in deiner Firma an und sage deinen Mitarbeitern, dass sie von heute an keine unbezahlten Überstunden mehr machen müssen. Sie sollen lieber pünktlich Feierabend machen und das schöne Wetter genießen!", befahl die unnachgiebige Gestalt im Spiegel.

„Was? Niemals! Und wenn ich zum Sandkorn schrumpfen sollte! Dieses faule Volk kann froh sein, für mich arbeiten zu dürfen. Die sollen sich einmal ein Beispiel an mir nehmen: Ich kenne kein Wochenende und keinen Feierabend. Von nichts kommt nichts, hat mein Vater immer gesagt. Und er hat recht gehabt!", rief Herr Lindemann. Schwups, er konnte fast hören, wie er schon wieder um einige Zentimeter schrumpfte. „Halt, halt!", bat er verzweifelt. Hatte dieser unflätige Kerl denn kein Erbarmen mit ihm?

„Ich tu, was du verlangst, aber mach mich wieder etwas größer, ja?", schmeichelte er sich bei seinem Spiegelbild ein.

„Ja, wenn du dich deinen Mitarbeitern und anderen Menschen gegenüber etwas großzügiger und verständnisvoller verhältst, wirst du wieder an Größe gewinnen", versprach dieser komische Kauz aus dem Spiegel.

So kletterte Herr Lindemann also nun umständlich am Stuhl hoch, um zu seinem Handy zu gelangen. Er rief seine Sekretärin an, die um diese späte Uhrzeit noch immer viel zu tun hatte und teilte ihr mit, dass die Mitarbeiter von nun an, sowie sie selbst, zeitig Feierabend machen konnten. Schwups : Da war er doch tatsächlich wieder etwas größer geworden.

Genauer gesagt, hatte er sogar fast seine normale Größe wieder erlangt. Er blickte in den Spiegel und erwartete, den schrecklichen Unmenschen zu sehen, der ihm so das Leben schwermachte. Doch stattdessen sah er nur sich selbst im Spiegel, was ihn mehr als nur erstaunte. Er sah sich genauer an. Konnte es sein, dass sich seine Gesichtszüge etwas verändert hatten? Sie kamen ihm irgendwie fremd vor. Ob er nur eingeschlafen war und das Ganze lediglich geträumt hatte? Nun, das konnte er ja recht einfach überprüfen. Erneut steckte er den Spiegel in die Tasche, ging hinaus und warf die Tasche in die Mülltonne. Doch wieder stand der Spiegel auf seinem Schreibtisch im Arbeitszimmer, als er dieses kurz darauf betrat. Da wusste er endgültig, dass dies kein Trick war und er auch nicht geträumt hatte: Er musste sich damit abfinden, dass sein Leben von nun an nicht mehr von ihm allein bestimmt würde und er kein freier Mensch mehr war. Er würde wohl ab jetzt dem schrecklichen Spiegelbild gehorchen müssen, wollte er nicht als Sandkorn im Niemandsland enden. Hunger hatte er an diesem Abend keinen mehr und so ging er nach dem Duschen früh ins Bett, um wenigstens im Schlaf dieser unsagbaren, neuen Realität entfliehen zu können.

Am nächsten Morgen, er wollte sich gerade rasieren, erklang wieder diese schreckliche Stimme aus dem Arbeitszimmer: „Lindemann, Lindemann! Komm her! Es ist Zeit für deine Tagesaufgabe. Versuche erst gar nicht, mir zu entkommen, das funktioniert nicht! Ich verfolge dich an jeden Ort, den du dir vorstellen kannst. Wenn du heute also nicht schrumpfen möchtest, kommst du jetzt besser her und hörst dir an, was ich zu sagen habe!", befahl der Mann aus dem Spiegel.

Rasch begab sich Herr Lindemann zum Spiegel und setzte sich davor. Angstvoll starrte er den Mann an, der ihn da so unter Druck setzte. Irgendetwas war anders als gestern. Er hätte nicht sagen können, was es war. Doch irgendwie schien sein Spiegelbild sich ein wenig verändert zu haben, wenn er auch nicht wusste, welcher Art diese Veränderung war.

„Heute wirst du dich einmal nicht rasieren. Du kannst duschen und dich anziehen, aber rasieren ist tabu für heute!", befahl ihm der selbst bis zur Unkenntlichkeit mit einem Bart versehene Mann im Spiegel.

„Ich soll mich nicht rasieren? Aber wie sehe ich denn dann aus? In all den Jahren, die ich Unternehmer bin, hat es noch nicht einen Tag gegeben, an dem ich mich nicht rasiert hätte", meinte Lindemann entsetzt.

„Tja, dann wird es ja dringend Zeit dafür, dass du eine neue Erfahrung machst. Nichts ist perfekt, auch du nicht, lass dir das gesagt sein! Mit ein paar Bartstoppeln im Gesicht wirst du vielleicht sogar ein wenig menschlicher aussehen und dich bestenfalls auch so fühlen."

Der arme Herr Lindemann tat, wie ihm geheißen und ging an diesem Tag unrasiert in sein Büro. Niemand sagte etwas. Doch er konnte die Blicke spüren, die sie sich gegenseitig hinter seinem Rücken zuwarfen. Und war da nicht auch Getuschel über ihn und seine merkwürdige Veränderung?! Nicht, dass seine Mitarbeiter jetzt dachten, sie könnten ihm auf der Nase rumtanzen, nur weil sie pünktlich Feierabend machen durften und er unrasiert ins Büro kam. Schwups: Und wieder war er etliche Zentimeter geschrumpft. Er spürte es genau. Im Geiste entschuldigte er sich rasch bei all seinen Mitarbeitern, doch im Herzen missgönnte er ihnen nach wie vor jede Annehmlichkeit, die er ihnen ungewollt ermöglichte. Er ging auf die Toilette und schaute sich dort ausgiebig im Spiegel an. Wenn er es sich so recht überlegte, stand ihm dieser Bartansatz sogar ganz gut.

Auf einmal war er mit sich und der Welt wieder in Frieden und verrichtete sein Tagwerk, bis er abends wieder nach Hause kam und dem Fremden im Spiegel über seine Erlebnisse am Tage berichtete. Auch dieser schien mit ihm sehr zufrieden zu sein und so ging Herr Lindemann an diesem Abend eher beruhigt zu Bett. Als er am nächsten Morgen in den seltsamen Spiegel schaute, traf ihn fast der Schlag. Der Fremde hatte wohl seinen Bart gekürzt. Jedenfalls sah dieser tatsächlich deutlich gepflegter als noch am Tag zuvor aus. Auch schien er weniger grimmig zu sein und begrüßte ihn sogar freundlich mit einem Grinsen.

„Na Lindemann, überrascht? Ja, in dem Maße, in dem du dich in die eine Seite veränderst, verändere ich mich in die andere – wie sich das für ein Spiegelbild gehört. Solange du nicht alle Schlechtigkeit der Welt auf mich schiebst, bin ich dir wohlgesonnen und wir beide können friedlich miteinander leben. Nun zu deiner nächsten Aufgabe: Heute wirst du mit einem Batzen Geld Lebensmittel einkaufen, diese im Bahnhofsviertel an die Obdachlosen verteilen und nicht in deine Firma gehen."

„Aber ich muss ins Büro, ohne mich geht da alles drunter und drüber", widersprach Herr Lindemann vehement. Im gleichen Moment wusste er jedoch, dass sein Widerspruch keinen Sinn hatte und er auch diese Aufgabe erfüllen musste, wollte er nicht empfindlich bestraft werden.

Also ging er in den nächsten Discounter und kaufte kistenweise Lebensmittel, die er in seinem Auto verstaute. Er verteilte belegte Brote, Getränke, Süßigkeiten und andere Dinge an die Obdachlosen im Bahnhofsviertel. Doch im Grunde war er froh, am Abend wieder in sein komfortables Zuhause zu kommen und diese Armut und den Gestank der ungewaschenen Gestalten hinter sich lassen zu können. Er wollte nichts über ihre vermeintlichen Schicksalsschläge hören und fühlte sich in keiner Weise dafür verantwortlich, wenn wieder ein Obdachloser mehr auf den Straßen seiner Stadt lebte. Nach wie vor waren diese Menschen für ihn Menschen zweiter Klasse, die völlig zu Recht am Rande der Gesellschaft lebten. Es interessierte ihn nicht im Mindesten, wenn sie nicht wussten, wo sie sich waschen und ihre Notdurft verrichten sollten. Was ging ihn das Ganze überhaupt an? Er war doch nur hier, weil irgend so ein böser Geist sich auf übelste Weise in sein Leben geschlichen hatte.

Niemals würde er seine Meinung über die Unzulänglichkeit anderer aufgeben, was auch immer dieser bösartige Fremde im Spiegel da sich einfallen ließ. Er würde von nun an einfach nicht mehr in den Spiegel schauen. Sollte der komische Kauz doch herumkrakeelen, wenn er wollte.

Als er also am Abend nach Hause kam und zum Duschen ins Bad ging, schaute er sogar nicht einmal im Badezimmerspiegel nach seinem Aussehen, wie er es sonst immer getan hatte. Stattdessen wollte er sich gleich ins Wohnzimmer setzen, um zu überlegen, was er noch tun könnte, um den Spiegel samt Spiegelbild loszuwerden. Doch kaum hatte er sich in seinen Sessel gesetzt, um in Ruhe nachzudenken, erscholl aus seinem Arbeitszimmer die gefürchtete Stimme. Mist, dieser Kerl gab aber auch nicht so leicht auf.

Ohne große Eile ging er ins Arbeitszimmer und rief in Richtung des Spiegels: „Schrei doch noch lauter, du dummer Mensch. Ich falle nicht mehr auf dich herein! Was willst du denn machen, wenn ich mich weigere, dich anzuschauen und mit dir zu reden?"

„Willst du etwa wieder schrumpfen, Lindemann?", war die Gegenfrage, die er zu hören bekam. Also setzte er sich doch vor den Spiegel, während er weiter überlegte, was er tun könnte, um aus dieser grotesken Situation herauszukommen. Er war etwas erstaunt darüber, dass der Fremde im Spiegel wieder gepflegter aussah, als er ihn in Erinnerung hatte. Wo waren denn seine langen Zottellocken und sein ungepflegter Bart geblieben? Auch die Zähne sahen erheblich besser aus als am ersten Tag. Irgendetwas Seltsames ging da vor sich. Herr

Lindemann beschlich mit einem Male ein ungutes Gefühl. Was, wenn der Fremde im Spiegel etwas Arges im Schilde führte? Er beschloss, besser auf sich aufzupassen und das Spiegelbild ein wenig über seine Absichten auszufragen.

„Lindemann, Lindemann, hast du deine Tagesaufgabe erledigt? Gut, dann sehen wir uns morgen wieder. Das war es, was ich dir sagen wollte."

„Halt, ich wollte dich etwas fragen, Spiegelbild. Wie soll ich dich eigentlich nennen? Und was hast du davon, wenn ich mich und mein Leben ändere?", wollte Herr Lindemann von dem Fremden im Spiegel wissen.

„Du kannst mich ruhig weiterhin einfach mit „Du" ansprechen. Ich habe keinen Namen. Und was ich davon habe, wirst du schon bald wissen", sprach der Fremde, der Herrn Lindemann doch langsam irgendwie immer bekannter vorkam.

Am nächsten Tag wachte Herr Lindemann mit fürchterlichen Zahnschmerzen auf. Ehe er noch ins Bad kam, um im Spiegel nachzuschauen, was da mit seinen Zähnen los war, fielen ihm gleich drei Zähne auf einmal aus. Doch als er in den Badezimmerspiegel sah, traf ihn fast der Schlag: Wie sah er denn aus?! Hätte er nicht gewusst, dass er selbst es war, der ihm hier im Spiegel entgegenschaute, hätte er sich glatt nicht wiedererkannt!

Tatsächlich schaute ihm das ursprüngliche Gesicht des fremden Spiegelbildes vom seltsamen Tischspiegel entgegen. Da hörte er ein hämisches Lachen aus dem Arbeitszimmer. Noch völlig verstört ging er zu dem Flohmarkt-Spiegel und sah hinein und erblickte dort sein eigenes Gesicht, so wie er es von jeher kannte. Nun ging ihm ein Licht auf: Während er durch seine Alltagssorgen und den ominösen Tagesaufgaben abgelenkt war, hatte dieses zottelige Ungetüm sich in *ihn*, Herrn Lindenmann, verwandelt. Er selbst jedoch wurde diesem Scheusal jeden Tag ein wenig ähnlicher. Es waren noch mehr als drei Wochen bis zum nächsten Neumond. Außerdem wusste er weder, ob er den Prozess aufhalten konnte, noch, ob es möglich war, die Verwandlung rückgängig zu machen.

„Lach du nur, du Scheusal von einem Unmenschen, du böser Geist, du. Mich kriegst du nicht. Ich weiß, was du vorhast: Du willst mich aus meiner Welt drängen, mich in deine verrückte Spiegelwelt hineinziehen und meinen Platz einnehmen. Aber nicht mit mir!", rief Herr Lindemann wutentbrannt und wollte aufstehen. Doch irgendwie konnte er sich nicht mehr bewegen. Er saß plötzlich in einer Art Glaskasten fest. Als er wieder in den Spiegel sehen wollte, bemerkte er, dass er nun stattdessen *aus* dem Spiegel *heraus*blickte und in sein Arbeitszimmer sehen konnte, in dem jetzt der Fremde mit seinem Gesicht vor dem Spiegel saß. Herr Lindemann war gefangen. Doch komischerweise musste er just in diesem Moment an die Obdachlosen denken, die heute wahrscheinlich nichts von ihm bekommen würden.

„Lass mich raus", schrie er verzweifelt. „Ich gebe dir, was du möchtest, wenn du mich nur rauslässt."

„Du willst raus? Dann musst du dich noch ein wenig gedulden. An Neumond bringe ich den Spiegel zurück zu dem Händler, von dem du ihn bekommen hattest. Sobald der nächste überhebliche Trottel, der die Chance, sich zu ändern, ungenutzt verstreichen lässt, den Spiegel mit nach Hause nimmt und ausprobiert, ist deine Chance gekommen. Dieser Mensch, der dich dann im Spiegel anblickt, muss nur zu dem werden, der er wirklich ist. Während er sich dann verwandelt und seinem Schatten immer ähnlicher wird, wirst du dich in sein ehmaliges Ebenbild verwandeln. Und eines Tages, schwupp, bist du frei und der andere sitzt im Spiegel gefangen. Hahaha", lachte der Fremde, der nun tatsächlich wie Herr Lindemann aussah und morgen an Herrn Lindemanns Stelle in dessen Firma gehen würde.

Herrn Lindemann blieb nichts anderes übrig, als geduldig zu warten. In den nächsten drei Wochen spürte er, wie seine Haare und sein Bart ins Unermessliche wuchsen und er sich langsam, aber sicher weiter in das Ungetüm verwandelte, welches ihm damals im Spiegel entgegengeblickt hatte. Herr Lindemann wunderte sich über das Geschehen und konnte sich das Ganze nicht erklären. Er, der sich doch immer für so besonnen und vernünftig gehalten hatte, war auf so einen billigen Trick hereingefallen und saß nun in einem Spiegel gefangen?!

Wäre er nicht so überheblich gewesen, würde er dann womöglich nicht hier im Spiegel festsitzen, sondern weiterhin als freier Mensch ein sorgloses Leben führen?

Endlich brachte der Fremde in Gestalt Herrn Lindemanns den magischen Spiegel zu dem Händler von damals zurück. Herr Lindemann, der im Spiegel gefangen war, konnte hören, was die beiden miteinander sprachen.

„Ah, der Herr mit dem Spiegel! Waren Sie zufrieden mit seinen Diensten oder gibt es etwas zu beanstanden?", wollte der windige Händler wissen.

„Alles bestens, guter Mann, alles bestens", ließ sich nun Herrn Lindemanns Doppelgänger verlauten.

„Das macht dann 50 Euro, der Herr", hörte Herr Lindemann den Händler sagen.

„Diese 50 Euro zahle ich gerne", lachte der Mann, der nun wie Herr Lindemann aussah.

„Das denke ich mir, das denke ich mir. Auch der nächste Herr wird seine 50 Euro eines Tages bestimmt liebend gern bezahlen, nicht wahr? Aber bis dahin kann er sich ja die spannenden und lehrreichen Geschichten meines magischen

Seelenspiegels anhören", sprach der Händler lautstark und klopfte dabei herzhaft auf den Spiegel.

Da verstand Herr Lindemann, dass er, wie der Mann zuvor, Opfer der perfiden Machenschaften eines skrupellosen Magiers geworden war und wirklich nur wieder herauskommen würde, wenn ein anderer an seiner Stelle festsaß.

Und in diesem Fall würde er die 50 Euro tatsächlich liebend gern bezahlen.

IN LIEBE VEREINT

Linda Goldmann ging wie jeden Morgen mit ihrer Hündin Lucy am Mainufer entlang spazieren. Es war gerade ein halbes Jahr her, dass ihr Mann Georg gestorben war. Er wurde, obwohl zu dem Zeitpunkt nicht im Einsatz – er war Kriminalpolizist – von drei Kugeln getroffen, die ein flüchtender Bankräuber auf ihn abfeuerte. Eigentlich wollte er nur zu einem Kreditgespräch mit dem zuständigen Sachbearbeiter in das kleine Büro seiner Sparkasse.

Er war wohl einfach zur falschen Zeit am falschen Ort gewesen. Wie sonst sollte man es nennen? Denn wäre er im Einsatz gewesen, hätte er aller Wahrscheinlichkeit nach, eine kugelsichere Weste getragen. Doch so trafen ihn die Kugeln unvermittelt und fast sofort tödlich: Eine in den Bauchraum, eine in die Milz und einen Schuss, den tödlichen, in die Lunge, die daraufhin kollabierte.

Damals war für Linda eine Welt untergegangen. Und seitdem trug sie Georgs Ehering an einer Kette um den Hals, die sie, wenn überhaupt, nur zum Duschen ablegte.

Alles, wofür sie gelebt und gearbeitet hatte, war mit Georgs Tod ebenfalls gestorben. Auch jetzt noch hatte sie das Gefühl, dass ihr der Boden unter den Füßen fehlte. Und ohne ihre Lucy hätte sie wahrscheinlich kaum noch einen Fuß vor die Tür gesetzt. Sie arbeitete als selbstständige Übersetzerin von zu Hause aus und musste nicht zwangsläufig jeden Tag hinaus in das rege Treiben der Stadt. Aber Lucy musste jeden Tag mehrmals raus und so kam auch Linda täglich zu ihrem Pensum an Bewegung, frischer Luft und Sonnenschein. Linda und Georg hatten sich einst versprochen, aufeinander aufzupassen – auch über den Tod hinaus – wenn dies möglich war. Oftmals hatte Linda auch das Gefühl, Georg sei noch immer in ihrer Nähe. Es war nur so ein Gefühl, fast so, als würde er neben ihr stehen und mit ihr reden wollen. Aber je mehr Zeit verging, desto mehr verblasste dieses Gefühl der Nähe und Verbundenheit, was Linda in eine depressive Phase stürzte.

Dann holte sie sich sämtliche Bilder von Georg mit aufs Sofa und wälzte nächtelang Fotoalben, um sich die Erinnerung an Georg wieder so nah wie möglich zurückzuholen.

Georg hatte nicht gerade das, was man ein Allerweltsgesicht nannte. Im Gegenteil: Er hatte zwei verschiedenfarbige Augen – eines war grün, das andere braun – und eine kleine, aber gut sichtbare Narbe auf der linken Wange. Trotzdem war er zu Lebzeiten ein attraktiver Mann, nach dem sich die Frauen gern umdrehten. Mit seinen langen, schwarzen Haaren, die er im Dienst unter der Kappe versteckte und ansonsten offen trug, sah er ein wenig aus wie ein Indianer aus einem Wildwestfilm. Auch Lucy war in Georg regelrecht vernarrt gewesen und konnte stundenlang mit ihm spielen. Linda musste gerade daran denken, als sie durch einige Wassertropfen, die auf ihre Wange fielen, unsanft aus ihren Träumen gerissen wurde.

Es fing an, zu regnen. Linda, die keinen Schirm dabeihatte, beschloss, den Spaziergang wesentlich früher als sonst zu beenden und versuchte, Lucy zum Umkehren zu bewegen. Doch Lucy versuchte ihr Bestes, um noch draußen bleiben zu können. Sie setzte sich auf die Hinterbeine und wollte sich nicht bewegen. Als sie merkte, dass dies keinen Zweck hatte, ließ sie sich auf allen Vieren ziehen, was Linda natürlich auch nicht mehr als wenige Zentimeter übers Herz brachte. Lucy – ein kleiner Mischlingshund in der Größe eines Pudels – war nicht allzu schwer. Deshalb hob Linda den eigenwilligen Hund kurz entschlossen hoch und wollte Lucy wenigstens ein

Stück tragen, um schneller nach Hause zu kommen. Doch die gewitzte Hündin entwisch ihr und floh nun – mit der Leine im Schlepptau – in die entgegengesetzte Richtung.

Nun wurde Linda ärgerlich. So etwas hatte Lucy noch nie gemacht. Und ausgerechnet heute bei diesem Sauwetter fing sie damit an, ihren kleinen Dickkopf durchzusetzen.

„Lucy, Lucy komm", lockte sie erst freundlich, dann immer bestimmter. Doch Lucy dachte nicht daran. Sie lief in den Park und setzte sich immer wenige Meter von Linda entfernt auf den Hintern. Jedes Mal, wenn Linda dachte, jetzt könnte sie wenigstens die Leine schnappen, rannte Lucy mit der Leine im Maul davon und trieb das gleiche Spiel erneut. Doch Linda war überhaupt nicht zu irgendwelchen Spielen aufgelegt. Sie war inzwischen ziemlich durchnässt und fror erbärmlich. So drehte sie den Spieß nun um und sagte: „Ciao Lucy, Frauchen geht jetzt nach Hause!"

Unwillkürlich musste sie wieder an Georg denken, der zu Lebzeiten beinahe jeden Tag mit Lucy in den Park gegangen war und dort Fangen gespielt hatte. Wahrscheinlich erinnerte sich Lucy, wenn auch unbewusst, ebenfalls an Georg und die Zeit mit ihm. Auch sie hatte wochenlang um ihr Herrchen getrauert und war bis vor kurzem gar nicht mehr zum Spielen zu bewegen. Jetzt schien die Hündin jedoch wie ausgewechselt und sprang und hüpfte herum, als würde sie jemand dazu animieren. Linda konnte nicht anders: Sie setzte sich auf eine Parkbank und schaute der Hündin bei ihrem ausgelassenen Spiel zu.

Doch irgendwann schien es auch Lucy zu kalt und vor allem zu nass zu werden, denn sie drehte sich plötzlich zu Linda und lief schnurstracks auf sie zu. Schnell packte Linda die Hundeleine, die noch immer an Lucys Halsband befestigt war, und wollte nach Hause gehen. Doch noch immer sträubte sich der Hund dagegen. Da nahm Linda den Hund nun endgültig auf den Arm und ging in die Richtung der Siedlung, in der sie ihr kleines Einfamilienhaus hatte. Doch die sonst so brave und anhängliche Lucy fing an zu knurren und fletschte die Zähne. Plötzlich musste Linda an eine Geschichte in der Bibel denken. Da war doch dieser Esel, der einem Mann namens Bileam gehörte und nicht weitergehen wollte, obwohl der Mann ihn sogar schlug und beschimpfte. Doch hatte der Esel nicht einen Engel gesehen, der sich ihm in den Weg stellte, um ihn am Weitergehen zu hindern? Sie beschloss, sich zu Hause die Geschichte von dem Esel, der dann auch noch auf einmal reden konnte, in Ruhe durchzulesen. Hier hatte Gott eindeutig eingegriffen und einen Engel geschickt. Linda musste schlucken. Warum nur hatte er keinen Engel geschickt, um Georg damals zu retten?

Da wurde Linda unsanft aus ihren Gedanken gerissen. Lucy hatte ihr in die Hand geknappt. Es blutete nicht, aber es tat höllisch weh.

„Bist du denn verrückt geworden? Du kannst mich doch nicht beißen?!" So etwas hatte die kleine Hündin ebenfalls noch nie zuvor gemacht. Sie war ja heute kaum wiederzuerkennen?! Lucy zappelte heftig unter Lindas festem Griff, denn sie wollte partout verhindern, dass Linda mit ihr weiterging. Jetzt waren sie bereits in ihrer Straße und nur noch wenige Meter von Lindas Haus entfernt.

Gerade wollte Linda, immer noch mit der sich sträubenden Hündin auf dem Arm, in den Weg zum Gartentürchen einbiegen, da wurde sie von einem unsympathischen jungen Mann angerempelt. Als sie sich wieder gefasst hatte, griff dieser brutal nach der Kette an ihrem Hals und riss sie mit einem Ruck ab. Klirrend fiel Georgs Ehering zu Boden. Linda ließ instinktiv Lucy herunter, um sich nach dem Ring zu bücken, doch der Angreifer schleuderte sie heftig zu Boden. Lucy, die sonst immer eine große Klappe hatte, lief zu der am Boden liegenden Linda und leckte ihr das Gesicht ab. Da schrie Linda laut um Hilfe und hoffte, dass irgend jemand sie hören und die Polizei rufen würde. Nun zog der Mann mit einem Male einen Revolver und wollte allem Anschein nach auf Linda schießen.

Auf einmal drehte der Mann jedoch seinen Kopf mit einem Ruck zur alten Linde, die nur wenige Meter entfernt auf einer kleinen Wiese stand. Es war diese Linde, in deren Rinde Georg und Linda einst ein Herz geritzt hatten. In das Herz hatte Georg mit viel Sorgfalt und Liebe die Worte „Linda und Georg – für immer in Liebe vereint" eingeritzt. Lindas Blick ging jetzt ebenfalls in Richtung Linde, auf die der Mann, mit leichenblassem Gesicht, starrte.

Doch sie konnte niemanden sehen. Da schrie der Mann, der wenige Minuten zuvor noch seine Waffe auf sie gerichtet hatte, laut auf: „Halt, bitte nicht schießen. Ich ergebe mich."

Er legte seinen Revolver erst auf den Boden und schob ihn dann mit dem Fuß weit von sich. Blitzschnell schnappte sich Linda den Revolver und richtete diesen gegen den Mann, der noch immer die Hände erhoben hatte und auf Knien am Boden kauerte. Und noch immer starrte der Mann wie gebannt in Richtung Linde. Doch was oder wen er da sah, konnte Linda nicht sagen. Denn da war nichts – gar nichts. Nur die Linde, in der Georgs Liebesworte von damals eingeritzt waren.

Irgendwann – Linda erschien es wie eine Ewigkeit – hörte sie endlich hinter sich die Polizeisirenen langsam näherkommen. Sie hörte, wie jemand zu ihr sagte: "Frau Goldmann, wir sind jetzt da. Bitte lassen Sie die Waffe fallen. Oder geben Sie sie mir, okay? Ganz ruhig, Frau Goldmann, alles ist gut."

Es war Herr Thorsten Jäger, der frühere Einsatzpartner und beste Freund von Georg. Als er direkt bei ihr war, flüsterte er leise: „Gut gemacht, Linda. Nun gib mir den Revolver, okay?" Linda löste sich langsam aus ihrer Starre und legte die Waffe in Thorstens offene Hand. Jemand, sie hätte nicht sagen können, wer, übergab ihr den Ring mit der Kette, die der

Angreifer in seiner Panik von sich geschleudert hatte. Noch immer war es Linda unbegreiflich, was den Mann so erschreckt haben könnte, dass er von ihr abließ. Sie nahm Lucy, die die ganze Zeit zwischen ihr und der Linde aufgeregt hin und her lief, auf den Arm und liebkoste sie.

„Frau Goldmann, wir müssen Sie für das Protokoll mit aufs Revier nehmen. Sind sie soweit in Ordnung, dass Sie sich das zutrauen?", fragte die neue Kollegin von Thorsten Jäger. Linda nickte. Ja, sie war in Ordnung. So langsam spürte sie auch ihren Körper wieder.

Während der Mann, der sie noch vor kurzem zu erschießen bereit war, in Gewahrsein genommen und in eines der anderen Polizeiautos verfrachtet wurde, fuhr die noch aufgeregte Linda mit Thorsten Jäger und seiner Kollegin mit. Keiner der dreien sagte ein Wort, denn irgendwie waren Worte hier fehl am Platz, das spürte jeder im Auto. Doch in dem kleinen Büro auf dem Revier erzählte Linda die ganze Geschichte detailgetreu und wahrheitsgemäß, ohne etwas auszulassen.

„Und du kannst dir wirklich nicht erklären, was ihn da so erschreckt haben könnte, dass er freiwillig die Waffe zu Boden legte und aufgab?", fragte Thorsten nun.

„Nein, ich verstehe das überhaupt nicht", versicherte Linda bestimmt schon zum dritten Mal an diesem Tag.

Da öffnete sich die Tür und einer der Polizisten, die den Mann mit dem Revolver verhörten, kam herein.

„Störe ich? Ich muss euch unbedingt etwas erzählen, was euch sicherlich brennend interessieren dürfte. Ist das okay?", fragte er.

„Schieß schon los", meinte Thorsten, der wusste, dass Kollege Bertram nicht ohne guten Grund eine solche Bitte äußern und ein Protokollgespräch stören würde. „Also, Frau Goldmann. Dieser Mann, der da versucht versuchthatte, Ihnen die Halskette mit dem Ring zu stehlen und Sie anschließend mit dem Revolver bedroht hat, hat uns eine ganz merkwürdige Geschichte erzählt. Auf die Frage nach dem Tathergang bzw. warum er sich denn bereits freiwillig ergeben hatte, bevor wir am Tatort eintrafen, meinte er, jemand hätte ihn mit einer Schusswaffe bedroht.

Bei diesem Jemand hätte es sich um einen Mann mit langen schwarzen Haaren gehandelt, der irgendwie wie ein Indianer ausgesehen und direkt vor der alten Linde gestanden hätte. Doch komischerweise hat keiner von den Zeugen, die wir bis jetzt befragen konnten, dort jemanden stehen oder wegrennen sehen. Doch unser Mann hier schwört darauf, dass er den Unbekannten gesehen hat und dieser ihm sogar etwas zugerufen habe."

„Was soll er denn gerufen haben?", wollte Linda wissen, die plötzlich ein ganz seltsames Gefühl beschlich, welches ihr sagte, dass dies etwas mit Georg und ihr zu tun haben musste. „Lass meine Frau in Ruhe, du Dreckskerl, sonst schieß ich dich über den Haufen", schloss der Polizeibeamte.

Stille, Totenstille breitete sich in dem kleinen Raum aus. Nur der Atem der vier Anwesenden war zu hören.

„Das, das kann nicht sein!", meinte Thorsten nach einer Weile, die Linda wie eine Ewigkeit vorkam.

„Doch. Und es kommt noch dicker, sage ich euch!", ließ Bertram verlauten.

„Als er hier im Flur das Erinnerungsfoto von Georg sah, wurde er ganz hysterisch, zeigte mit dem Finger darauf und schrie, dies sei der Kerl gewesen, der ihn da bedroht hatte. Als Linda, also Frau Goldmann, dann die Waffe in der Hand gehabt hatte, konnte er angeblich noch sehen, wie der Mann mit einem spitzen Gegenstand etwas in den Baum geritzt hat. Das ist ein Ding, oder?", fragte er seinen Kollegen Thorsten, da er sich darüber im Klaren war, dass diese Story gerade wie eine Bombe eingeschlagen war. „Hm, also ich weiß nicht, was ich davon halten soll. Das muss erstmal sacken. Tut mir leid,

Linda, dass du so etwas mitmachen musstest und jetzt durch diese unglaubliche Geschichte wieder an Georgs Tod erinnert wirst", entschuldigte sich Thorsten jetzt bei ihr.

„Das ist doch verrückt. So etwas gibt es nicht. Kann ich jetzt gehen? Ich möchte am liebsten nur noch nach Hause", bat Linda.

„Ja, natürlich. Soll dich jemand bringen oder soll ich dir ein Taxi rufen?", wollte Thorsten wissen.

„Nein, Danke. Ein kleiner Spaziergang wird Lucy und mir jetzt guttun", meinte Linda, deren Herz fast bis zum Hals klopfte. Sie musste unbedingt zu der Linde, um sicherzugehen, dass das Ganze mehr als nur ein Hirngespinst eines verwirrten Kriminellen war.

20 Minuten später wusste sie es: Es war alles andere als ein Hirngespinst. Als sie an der Linde stand und das eingeritzte Herz mit der Inschrift „Linda und Georg – für immer in Liebe vereint" betrachtete, stand dort noch ein Name eingeritzt.

Nun las sie: „Linda, Lucy und Georg – für immer in Liebe vereint".

BHAWIN UND ANUYA

Bhawin war ein 8jähriger Junge, der in einem kleinen Ort in der indischen Provinz Assam lebte. Er war Einzelkind und sein Vater war erst vor wenigen Monaten an einer Infektion gestorben, die er sich nach einem Schlangenbiss beim Teepflücken zugezogen hatte. Seine Mutter sorgte seitdem – wie einst ihr Mann – als Teepflückerin für ihrer beider Lebensunterhalt. Bhawin war ein folgsamer Junge, der seine Mutter unterstützte, wo er nur konnte.

Die wenigen Schulen, die es in seiner Umgebung gab, waren vor einigen Jahren größtenteils durch ein schweres Erdbeben so beschädigt worden, dass es ohnehin keine Schule gab, in die er hätte gehen können. Zwar gab es so etwas wie ein Recht auf Bildung, aber die staatlichen Schulen waren, wenn es denn welche gab, personell stark unterbesetzt und erhielten wenig finanzielle Förderungen. Wer konnte, gab sein Kind, meist Jungen in Bhawins Alter, so lange wie möglich auf eine Privatschule. Doch dies konnten sich die Eltern nun schon gar nicht leisten und so besuchte Bhawin bis zu der Zerstörung durch das Erdbeben eine staatliche Schule, auf der er wenigstens Lesen und Schreiben lernte.

Nun musste seine Schule erst wieder aufgebaut werden, was scheinbar ein größeres Unterfangen war. Denn selbst 2 Jahre nach dem Erdbeben war noch kein normaler Unterricht möglich, da es nicht nur an Geldern fehlte, sondern wichtige Termine für die Beschaffung von Baumaterialien und die Suche nach Bauarbeitern immer wieder verschoben wurden.

Doch Bhawin versuchte, mit den wenigen Büchern, die er besaß, das Beste aus der Situation zu machen. Er träumte davon, einst Arzt zu werden und wollte dann zahlreichen

Menschen das Leben retten. Immerhin bedeutete sein Name ja „Lebensretter" und diesem Namen, den ihm einst sein Vater gegeben hatte, wollte er alle Ehre machen.

Doch eines Tages, es war der erste Tag des Lichterfestes Diwali, sprach Bhawin davon, seine Mutter verlassen zu müssen, da er auf eine Reise gehen müsse, um die Eltern seiner kleinen Schwester zu treffen und ihnen etwas Wichtiges mitzuteilen.

„Mama, verstehst du nicht? Ich muss nach Kalkutta, um den Eltern meiner kleinen Schwester zu sagen, dass es ihr gut geht", versuchte der Junge seiner Mutter zu erklären.

„Bhawin, du hast keine kleine Schwester, das weißt du doch. Und du kannst doch nicht allein nach Kalkutta reisen, was denkst du dir denn? Und woher willst du denn das Geld für deine Reise nehmen?", fragte seine Mutter ihn verzweifelt.

„Mama, ich habe es meiner kleinen Schwester versprochen. Ich schaffe es schon. Immer denkst du, ich sei noch ein kleiner Junge. Aber das bin ich nicht. Ich bin schon 8 Jahre alt und kann lesen und schreiben. So weit ist es nicht bis Kalkutta", meinte der Junge und wollte damit seine Mutter beruhigen.

Doch diese wurde zunehmend ängstlicher um den Jungen, denn er schien doch eindeutig verwirrt zu sein. Er hatte keine kleine Schwester.

Sie war doch seine Mutter und musste dies wissen. Und was erzählte er da ständig von Kalkutta? Sie würde ihren Bruder fragen, ob er mit ihrem Sohn zum Arzt gehen könnte, denn mit ihm schien wirklich etwas ganz und gar nicht zu stimmen. Und so lief sie wenige Tage, nachdem das mehrtägige Lichterfest zu Ende gegangen war, zum Haus ihres Bruders und klopfte an die Tür.

„Amal, bist du zu Hause? Ich bin es: Ananda!", rief sie und klopfte weiter an die Tür. Da ging plötzlich die Tür auf und Charu, Anandas junge Schwägerin, erschien.

„Ananda, was ist denn passiert? Du siehst ja ganz aufgelöst aus", meinte Charu erstaunt.

„Hallo Charu", grüßte Ananda die Schwägerin. Sie fühlte sich ihr gegenüber immer ein wenig unbeholfen und unterlegen. Charu war zur Schule gegangen und stammte eigentlich aus ganz anderen Verhältnissen als sie und ihr Bruder. Es grenzte an ein Wunder, dass sie in Anandas Familie eingeheiratet hatte und selbst ihre Eltern das junge Paar unterstützten, wo sie nur konnten. Denn dies war auch heute noch unüblich und fast schon verboten.

„Amal ist noch in der Schneiderei. Er kommt erst in einer Stunde nach Hause. Aber wenn du magst, kannst du gern reinkommen und hier auf ihn warten. Wo ist denn Bhawin? Ist alles in Ordnung mit ihm?", fragte Charu, die einen 7. Sinn für die Sorgen der Schwägerin zu haben schien.

Dankbar nahm Ananda das Angebot an und betrat die kleine Wohnung ihres Bruders Amal und seiner Frau Charu.

„Ich mache mir solche Sorgen um Bhawin", klagte sie, nachdem sie sich auf eine moderne Couch gesetzt hatte, was für sie, die lieber traditionell auf dem Boden saß, recht ungewohnt war.

„Er sagt seit einer Woche so seltsame Sachen und will unbedingt nach Kalkutta reisen. Er ist wie von Sinnen. Ich fürchte, dass er vielleicht krank sein könnte und möchte Amal bitten, mit ihm zu einem der Ärzte in der Stadt zu gehen, um ihn untersuchen zu lassen", beendete Ananda ihren Redefluss.

„Wir waren noch nie in Sivasagar oder woanders beim Arzt. Wenn Bhawin oder ich einmal wirklich krank waren, hat uns die alte Saguna immer geholfen, die auch bei Bhawins Geburt dabei war. Aber irgendwie dachte ich, dass es diesmal etwas ist, was sich ein richtiger Arzt anschauen sollte. Bhawin hat sich so verändert und redet seit dem Lichterfest wirre Sachen. Ach, ich mache mir solche Sorgen um ihn", seufzte Ananda und konnte nicht verhindern, dass ihr die Tränen über die Wangen liefen.

„Was für seltsame Sachen sagt er denn? Und was, um Himmels willen, will er in Kalkutta? Es muss doch einen Grund für diesen Wunsch geben", überlegte Charu.

„Er redet immerzu von seiner kleinen Schwester, die ihn dorthin schicken würde – zu ihren Eltern", erzählte Ananda.

„Kleine Schwester? Aber er hat doch gar keine kleine Schwester und ihre Eltern wären in dem Fall doch auch seine Eltern, was meint er nur damit? Es gibt bestimmt eine logische Erklärung für sein Verhalten", versicherte die vernünftige Charu.

„Weißt du was? Ich mache uns erst einmal einen Tee und dann reden wir in Ruhe darüber. Wo ist Bhawin denn jetzt?", fragte sie, während sie aufstand, um in der Küche Wasser für den Tee aufzusetzen.

„Er war draußen mit seinen Freunden, als ich gegangen bin. Ich habe ihm gesagt, er soll nachkommen, wenn seine Freunde nach Hause gehen."

„Okay, dann mache ich ein wenig mehr Tee, damit es für Bhawin reicht, falls er auch noch kommt ", meinte Charu und verschwand in der Küche. Da klopfte es an der Tür. Ananda öffnete: Es war Bhawin, der nun freudestrahlend vor der Tür stand.

„Mama, es ist bald soweit. In den nächsten Tagen mache ich mich auf den Weg nach Kalkutta und suche die Eltern meiner kleinen Schwester."

„Ach, Bhawin, was sagst du denn da andauernd? Hör doch endlich auf damit!", bat die Mutter verzweifelt.

Bhawin ging in das modern eingerichtete Wohnzimmer seiner Tante und setzte sich nun auf die Couch.

Da kam Charu mit einem Tablett herein, auf dem 3 Tassen dampfenden Tees standen.

„Hallo Bhawin, schön, dich zu sehen. Wie geht es dir?", fragte sie unbefangen und stellte eine Tasse Tee für ihn auf den Tisch. Die anderen beiden Tassen stellte sie vor ihre Schwägerin und sich.

„Gut, Tante Charu. Wie geht es dir?", fragte Bhawin höflich.

„Danke, auch gut. Deine Mutter hat mir gerade erzählt, dass du gern nach Kalkutta reisen möchtest, stimmt's?", fragte Charu, die meist geradeheraus war und nicht gern um den heißen Brei herumredete.

„Ja, ich habe dort eine Mission zu erfüllen", meinte Bhawin und blickte ihr dabei direkt in die Augen.

„Hört sich spannend an. Was für eine Mission ist es? Oder ist das ein Geheimnis?", fragte sie.

„Naja, ein wenig handelt es sich dabei schon um ein Geheimnis. Ich habe jemandem versprochen, etwas zu erledigen und soll nicht zu viel verraten – an Erwachsene. Ist aber nichts Schlimmes und nichts Verbotenes, ehrlich", versprach Bhawin.

„Hm, aber allein nach Kalkutta – und das in deinem Alter, das ist schon eine kleine Reise", meinte Charu. „Darf ich vielleicht mitkommen? Wie wäre das? Du musst mir auch nichts verraten. Ich begleite dich einfach, ohne viel Fragen zu stellen. Wenn du mir etwas erzählen möchtest, bin ich für dich da – und wenn nicht, ist es auch okay. Dafür bezahle ich für uns beide die Fahrt mit dem Zug und kümmere mich in Kalkutta auch um eine Unterkunft und Verpflegung für uns, was meinst du?", fragte sie.

„Aber das geht doch nicht!", meinte Ananda, die schon beim bloßen Anblick der Stadt auf Bildern jedes Mal ein wenig Angst bekam. Diese vielen Autos, Busse und Mopeds. Und dann die vielen Menschen, die überall durcheinanderliefen und laut herumschrien. Hier im Dorf war es sicher und ruhig. Alles lief in geordneten Bahnen und jeder kannte jeden. Kalkutta – das war für die feinfühlige Ananda so etwas wie ein Sündenpfuhl und beim Gedanken, dass ihre junge Schwägerin gemeinsam mit Bhawin in diese schmutzige Großstadt fahren sollte, wurde ihr ganz übel.

„Warum sollte das nicht gehen?", fragte nun Charu, die schon ganz Feuer und Flamme war und es außerdem für eine gute Idee hielt, den Jungen zu begleiten, anstatt ihm die Reise zu verbieten. Womöglich würde er dann am Ende noch heimlich fahren und das wäre doch viel schlimmer.

„Ich habe eine Tante in Kalkutta. Bei ihr könnten wir solange wohnen, bis Bhawin seine Aufgabe – was auch immer das ist – erledigt hat. Also Bhawin, wie sieht es aus? Nimmst du mich mit auf deine Reise?", fragte Charu und stupste ihren Neffen leicht mit dem Ellenbogen in die Rippen.

„Musst du nicht erst Amal um Erlaubnis fragen, bevor du mit mir fährst?", fragte nun auch Bhawin, der seine Tante sehr mochte und sie liebend gern mit nach Kalkutta genommen hätte. Sie war jünger und moderner als seine Mutter, die überall nur Gefahren sah und ihm, der beinahe schon 9 Jahre alt war, nichts, aber auch gar nichts zutraute.

„Um Erlaubnis?", meinte Charu und der Schalk blitzte aus ihren rehbraunen Augen. „Wir sind ein modernes indisches Ehepaar. Natürlich werde ich mit ihm darüber sprechen und vielleicht hat er auch einige Tipps und Ratschläge für uns, damit wir sicher in Kalkutta ankommen. Aber um Erlaubnis muss ich ihn nicht fragen. Ich habe schon ab und zu meine Tante dort besucht – auch ohne Amal, wenn er viel Arbeit hatte. Du und ich, Bhawin, wir fahren nach Kalkutta, besuchen meine Tante und du wirst deine Mission erfüllen können. Natürlich muss deine Mutter einverstanden sein. Was hältst du davon, Bhawin?", fragte sie noch einmal.

„Das, das wäre toll", stotterte Bhawin vor Aufregung. Selbst in seinen kühnsten Träumen hätte er nicht erwartet, eine solche Unterstützung für sein nicht ganz alltägliches Vorhaben zu erhalten. Jetzt mussten sie nur noch seine Mutter überzeugen. Aber Bhawin wusste: Wenn erst Onkel Amal da wäre und nichts gegen die Reise einzuwenden hätte, dann würden er und seine Tante bald im Zug nach Kalkutta sitzen und er könnte das Versprechen einlösen, welches er seiner kleinen Schwester gegeben hatte.

Die Haustür ging auf und Amal, Anandas älterer Bruder, trat herein.

„Hallo, das ist ja eine Überraschung!", meinte er erfreut und küsste Ananda, Charu und Bhawin nacheinander auf beide Wangen.

„Ananda, Schwesterherz, was führt dich hierher? Oder ist dies einfach einmal ein spontaner Besuch?", wollte Amal wissen. Er konnte manchmal furchtbar misstrauisch sein. Musste denn zwangsläufig immer etwas dahinterstecken, wenn sie ihn mal besuchte? Immerhin war sie seine Schwester und konnte ja auch einmal Sehnsucht nach ihm haben. Was sollte denn daran so ungewöhnlich sein? Aber eigentlich hatte er mit seiner Frage gar nicht so unrecht. Sie besuchte ihren Bruder so gut wie nie, seit er geheiratet hatte.

Hilflos blickte Ananda zu ihrer Schwägerin, die den Blick auch gleich richtig deutete und zu Amal sagte:

„Schatz, ich würde gern Tante Sarai in Kalkutta besuchen und dieses Mal Bhawin mitnehmen."

„Warum nicht? Wenn Ananda nichts dagegen hat?", meinte Amal gelassen und schenkte sich eine Tasse Tee ein.

„Naja, eigentlich schon, aber…", stotterte Ananda, die sich plötzlich überrumpelt fühlte, da sie es lieber gesehen hätte, wenn jemand ihre Sorge ernstgenommen hätte und ein Arzt sich Bhawin bei nächster Gelegenheit einmal ansehen würde.

„Also gut. Von mir aus könnt ihr beide nach Kalkutta fahren. Aber vorher möchte ich, dass du, Amal, mit Bhawin und mir zum Arzt in die Stadt fährst, damit dieser ihn sich anschaut und bestätigt, dass Bhawin gesund ist. Dann habe ich keine Einwände mehr," meinte Ananda ungewohnt heftig und schaute ihre Bruder eindringlich an.

„Warum sollte er denn nicht gesund sein? Er sieht doch wiedas blühende Leben aus?", fragte Amal erstaunt.

„Frag nicht, ich will es so", erwiderte Ananda trotzig.

„Okay, gleich morgen fahren wir nach Guwahati und gehen zu Dr. Singh. Er ist auch unser Arzt und wir sind sehr zufrieden mit ihm, stimmt es, Charu?", fragte er seine Frau.

„Ja, Dr. Singh nimmt sich für jeden Patienten Zeit und ist sehr beliebt", meinte Charu, die in Gedanken bereits auf der langen Reise war. Auch Bhawin träumte schon vor sich hin und sah im Geiste ein junges Ehepaar, das sich nach langer Zeit nun endlich wieder an den Händen hielt und sich dabei tief in die Augen blickte. Und wenn er noch ein wenig tiefer nach innen schaute, sah er – wie hinter einem dünnen Schleier – Anuya, die ihm zunickte und „Danke" sagte.

Am nächsten Tag holte Amal seine Schwester und Bhawin wie versprochen ab, um mit ihnen nach Guwahati zum dem netten Dr. Singh zu fahren. Sie fuhren mit dem Auto, was etwa eine Stunde dauerte und Bhawin einen kleinen Vorgeschmack auf die lange Reise mit dem Zug bot.

Doch auch für Ananda, die selten einmal die Gelegenheit hatte, in einem Auto zu sitzen, bot die Fahrt eine willkommene Abwechslung.

Vor lauter Aufregung vergaß sie zwischendurch sogar ihre Sorgen und den eigentlichen Grund für die Fahrt nach Guwahati.

Am Abend zuvor, nachdem Ananda und Bhawin nach Hause gegangen waren, hatte Charu Amal erzählt, warum Ananda wollte, dass sie mit Bhawin zum Arzt fuhren, denn er sollte wenigstens wissen, worüber sich seine Schwester Sorgen machte.

Dr. Singh war ein nicht mehr ganz junger, dafür aber sehr erfahrener Arzt, der viel Verständnis für die Sorgen und Nöte seiner kleinen und großen Patienten hatte.

„Guten Tag, Bhawin", begrüßte Dr. Singh seinen jungen Patienten. Er hatte im Vorfeld mit dessen Onkel Amal telefoniert und wusste also, worum es bei diesem Arztbesuch ging.

„Guten Tag, Dr. Singh", erwiderte Bhawin höflich den Gruß des netten Arztes.

„Du möchtest also mit deiner Tante gern nach Kalkutta reisen? Und wie das so mit Müttern ist, macht sich deine Mutter ein wenig Sorgen, ob du denn auch gesund genug für diese Reise bist, nicht wahr?", fragte der nette Arzt seinen jungen Patienten.

„Ich bin gesund und stark, meine Mutter muss sich überhaupt keine Sorgen um mich machen", entgegnete der Junge.

„Was hast du denn vor? Dein Onkel hat mir erzählt, dass du jemanden suchen möchtest, den du kennst? Er hat etwas von einer kleinen Schwester erzählt, aber so genau habe ich es nicht verstanden. Kannst du mir Genaueres darüber erzählen?", bat Dr. Singh.

„Also, ich habe einem Mädchen versprochen, mich darum zu kümmern, dass ihre Eltern etwas Wichtiges erfahren. Das ist alles. Mehr darf ich nicht verraten, das habe ich ihr versprochen", meinte Bhawin, der nun das Gefühl hatte, bereits viel zu viel gesagt zu haben. „Und wie heißt dieses Mädchen?", wollte Dr. Singh nun von ihm wissen.

„Sie heißt Anuya", murmelte Bhawin nun kaum hörbar in seinen nicht vorhandenen Bart.

„Anuya? Das bedeutet „kleine Schwester", sagte der Arzt erfreut, da er glaubte, nun des Rätsels Lösung gefunden zu haben. Typisch für Mütter, dass sie sich immerzu unnötige Sorgen machten.

„Ja, ich nenne sie deshalb immer „kleine Schwester", meinte Bhawin, der nun alles andere als erfreut war. Jedes noch so kleine Geheimnis mussten diese Erwachsenen ihm entlocken. Nichts, aber auch gar nichts, durfte er für sich behalten. Ab jetzt würde er ihnen gar nichts mehr sagen und einfach tun, was er für richtig hielt.

„Ach so, daher das Missverständnis. Na, dann muss sich deine Mutter ja keine Sorgen mehr machen, oder? Sie hatte nämlich schon Schlimmes befürchtet, als du da immer wieder von „deiner kleinen Schwester" erzählt hattest", lachte der Arzt und zwinkerte dem Jungen verschmitzt zu. Doch Bhawin fand das alles nicht halb so lustig wie die Erwachsenen, die nun teils aus Erleichterung, teils aus Höflichkeit mitlachten.

Denn Bhawin hatte ein Geheimnis! Und dieses würde er so schnell niemandem verraten, da es alles andere als lustig war. Eigentlich war es sogar recht traurig und vielleicht sogar ein wenig unheimlich, aber gerade deshalb konnte er unmöglich mit jemandem darüber sprechen – nicht einmal mit Tante Charu, die er eigentlich sehr mochte und in die er insgeheim ein wenig verliebt war.

Wenige Tage später war es dann soweit: Bhawin stieg – zusammen mit seiner Tante und einer Unmenge an Gepäck – in den kleinen Regionalzug, der sie nach Guwahati bringen sollte. Dort würden sie umsteigen müssen und mit einem Zug der Indian Railways direkt bis nach Kalkutta fahren. Charu, die diese Fahrt schon einige Male gemacht hatte, war nicht halb so aufgeregt wie Bhawin, der nun sofort einen Fensterplatz ergattert hatte und bereits seiner Mutter und Onkel Amal zuwinkte. Die Fahrt würde immerhin einen ganzen Tag und eine Nacht dauern – fast 24 Stunden, wenn es keine ungeplanten Verzögerungen gab, die auf dieser Strecke jedoch so gut wie immer vorkamen. Ganze 650 Rupien hatte Onkel Amal für die Tickets der beiden bezahlt und das war noch ein günstiger Sonderpreis, da Bhawin noch keine 14 Jahre alt war. Bhawin konnte es nicht fassen und hüpfte vor Freude immer wieder auf und ab. Er hatte es tatsächlich geschafft und saß im Zug nach Kalkutta.

„Bhawin, hüpf doch nicht so!", lachte Charu, die sich freute, dass Bhawin endlich einmal von Herzen lachte und glücklich zu sein schien. Er war ansonsten ein recht ernster Junge und sie hatte schon seit langem den Verdacht, dass ihn neben dem Tod seines Vaters noch etwas bedrückte – etwas, was wohl mit dem Grund für diese Reise zu tun hatte. Doch im Gegensatz zu dem Arzt, der sich kein Blatt vor den Mund nahm und den Jungen regelrecht ausgefragt hatte, wollte sie mit Fragen noch warten, falls sich Bhawin ihr mit seinen Sorgen und Gedanken von allein anvertrauen wollte.

Sie war selbst sehr sensitiv, hatte manchmal Vorahnungen und konnte auch Dinge wahrnehmen, die den meisten Menschen zeitlebens verborgen blieben. So winkte auch sie ihrem Mann und ihrer Schwägerin ein letztes Mal zu, setzte sich dann auf einen der unbequemen Sitze in ihrem kleinen, separaten Abteil und schloss für einen Moment die Augen. Für einen winzigen Augenblick sah sie das Gesicht eines jungen Mädchens vor sich, das nicht älter als Bhawin sein konnte und auf einer Schaukel hin und her schaukelte. Doch kaum hatte sie dieses innere Bild wahrgenommen, war es auch wieder verschwunden.

Endlich schlossen sich die Türen und der Zug setzte sich langsam in Bewegung. Nun ließ sich auch Bhawin mit einem lauten Plumps auf seinen Sitz fallen. Er schaute fasziniert aus dem Fenster, sah das kleine Dorf – seine Heimat – immer schneller verschwinden, und blickte nach draußen, bis ihm beinahe schwindelig wurde.

Es war seine erste richtige Zugfahrt und er fühlte sich fast so, als würde er auf einem der alten Motor-Boote sitzen, die ihn früher manchmal über den kleinen Fluss zur Schule mitgenommen hatten.

„Mir wird schwindelig, Tante Charu", meinte er und sah auch schon ganz blass um die Nase herum aus.

„Dann lenk dich ein wenig ab, bis du dich an die Fahrerei gewöhnt hast", riet ihm Charu belustigt.

„Tante Charu? Kann ich dir etwas zeigen? Ich muss doch die Eltern von Anuya suchen, wenn wir in Kalkutta sind, weißt du?", fragte er in einem Anflug von Zärtlichkeit und Vertrauen.

Er kramte in seiner Tasche herum und zog nach einer Weile ein zusammengefaltetes Papier heraus.

Umständlich faltete er es auseinander, strich es glatt und besah es selbst noch einmal ausgiebig, bevor er es seiner Tante herüberreichte.

Ehrfürchtig nahm Charu den Papierbogen entgegen und besah sich das Bild, welches Bhawin allem Anschein nach selbst gemalt hatte.

Ganz deutlich waren darauf ein Mann und eine Frau zu sehen, zwischen denen ein kleines Mädchen stand und lachte. Das Bild war so detailliert gezeichnet, dass es einer Fotografie glich. Hätten der Mann und die Frau vor ihr gestanden, hätte sie sie unweigerlich aufgrund des Bildes wiedererkannt. Doch etwas anderes beunruhigte sie weit mehr: Das Mädchen, welches ihr auf dem Bild so entgegenlachte, war das Mädchen, das sie vorhin gesehen hatte, als sie für einen kurzen Moment die Augen schloss. Und obwohl das Mädchen beide Male fröhlich lachte, spürte Charu doch eine tiefe Traurigkeit, die der Anblick in ihr auslöste. Es war, als wären dies vergangene, nicht wiederkehrende Glücksmomente, die unwiederbringlich ausgelöscht waren.

Charu schluckte und fragte: „Bhawin, wer ist das und warum willst du die drei suchen?"

„Ach, das ist eine lange Geschichte. Und ich suche ja eigentlich nur die Eltern des kleinen Mädchens."

„Aber warum suchst du sie denn?", wollte Charum von Bhawin wissen, der sie nun mit großen Augen anschaute.

„Hat das Mädchen seine Eltern verloren?", wollte Charu wissen. Doch irgendwie fühlte sie insgeheim, dass noch mehr dahinter steckte.

„Nicht direkt. Tante Charu, ich kann mit dir jetzt noch nicht darüber reden. Aber du erfährst alles, wenn wir sie gefunden haben. Ehrenwort!", versprach Bhawin, dem das Gespräch langsam unangenehm wurde.

Charu und Bhawin schwiegen nun. Jeder hing eine ganze Weile seinen eigenen Gedanken nach, bis es Zeit war, in Guwahati in den Zug, der direkt nach Kalkutta fuhr, umzusteigen.

Auch dort verging die Zeit wie im Fluge. Denn nach dem Essen, das Charu mitgenommen hatte, schliefen die beiden eine Weile. Erst in der nächstgrößeren Stadt füllte sich der Zug mit zahlreichen Menschen, so dass an einen gemütlichen Schlaf nicht mehr zu denken war. Die Menschen kamen und gingen. Immer wieder stiegen neue Menschen in den kleinen Zug und lärmten und lachten. Es wurde gegessen, getrunken und laut geredet. So viele Menschen auf so engem Raum hatte Bhawin noch nie gesehen und für eine Weile vergaß er sogar den Grund für seine Reise nach Kalkutta – so sehr beeindruckten ihn die Menschen, deren Gerüche und die Geschäftigkeit, mit der sie umhereilten.

Doch irgendwann wurde es ruhiger und so konnte er wenigstens noch einige wenige Stunden schlafen, bis Charu ihn auf einmal weckte.

„Bhawin, wir sind bald da. Wir fahren erst zu meiner Tante und machen uns morgen auf die Suche, okay? Aber wo wollen wir dann hin? Wie willst du die Eltern deiner kleinen Freundin finden? Hat sie dir gesagt, wo etwa sie sein könnten? Und wie willst du sie erkennen? Hast du eine Telefonnummer der Eltern oder deiner Freundin, damit wir schon einmal einen Anhaltspunkt für unsere Suche haben?"

So viele Fragen auf einmal und das gerade, nachdem er erst aufgewacht war. Hungrig war Bhawin auch. Und mit allzu leerem Magen wollte er weder nachdenken noch neugierige Fragen beantworten.

„Ich habe Hunger", war daher seine Antwort. Charu packte einige Samosa aus und reichte sie Bhawin samt einer kleinen Schale, die sie als Tellerersatz mitgenommen hatte. Bhawin aß gleich drei der mit Kartoffeln gefüllten Teigtaschen. Dann fiel ihm etwas ein.

„Du, Tante Charu? Ist Kalkutta eigentlich sehr groß? Und kennst du dich da aus? Ich meine, mit Straßen und so?"

„Was meinst du mit Straßen? Meinst du Straßennamen?",wollte Charu wissen.

„Ich weiß nicht genau. Vielleicht auch Gebäude oder so ähnlich", meinte Bhawin, der nun noch doch ein klein wenig verunsichert war.

„Kannst du denn deine kleine Freundin nicht einfach anrufen und fragen, wo du suchen sollst?"

„Das ist nicht so einfach."

„Ach Bhawin, mach es doch nicht so kompliziert! Irgendwie musst du doch mit ihr kommunizieren können. Wie habt ihr denn die ganze Zeit miteinander geredet? Wo wohnt sie denn und wo habt ihr euch kennengelernt?"

„Sie war auf einmal da und sie hat, genau wie Mutter und ich, kein richtiges Telefon.", behauptete Bhawin, der nicht wusste, wie um Himmels willen er seiner Tante erklären sollte, dass er Anuya noch nie so richtig gesehen hatte.

„Also Internet habt ihr ja auch nicht. Dann habt ihr euch also irgendwo bei euch im Dorf getroffen?"

„Nein, nicht direkt."

„Nicht direkt, nicht direkt. Was soll das heißen: Nicht direkt?!"

Charu verlor langsam die Geduld. Noch etwa eine Viertelstunde und sie waren in Kalkutta. Wenn sie erst bei der Tante waren, würden sie kaum allein und in Ruhe über

Bhawins Mission sprechen können, das wusste Charu aus Erfahrung. Irgendwie musste sie es doch aus Bhawin herauskitzeln, damit sie sich so bald wie möglich auf die Suche machen konnten. Schließlich würden sie nicht ewig in Kalkutta bleiben können.

Auch Bhawin überlegte. Er wusste, er war auf Charus Hilfe angewiesen. Er würde ihr mehr verraten müssen, vielleicht sogar alles. Aber da gab es noch ein winziges Problem: Er hatte Anuya versprochen, keinem Erwachsenen zu verraten, wo sie sich jetzt befand. Erst, wenn er ihre Eltern gefunden hatte, durfte er erzählen, wo sie war und wo sie hingehen würde. Letzteres wusste sie selbst noch nicht so genau, hatte sie ihm anvertraut. Sie müsste warten, bis sie sich gemeinsam mit ihrem Meister überlegt hatte, wo sie am besten aufgehoben sein würde und am meisten lernen konnte. In Gedanken rief er sie deshalb und sie antwortete prompt.

Dies war eines der Geheimnisse, die er noch nicht verraten durfte. Er konnte sich in Gedanken mit Anuya unterhalten. Er konnte ihre Stimme hören, ihr antworten, Fragen stellen und so weiter, als ob sie ihm gegenübersitzen würde. Und in ruhigen Momenten konnte er, wenn er die Augen schloss, ihr kleines, lachendes Gesicht sehen. Sogar das dunkle, fast dreieckige Muttermal über ihrer rechten Augenbraue war ihm mittlerweile so vertraut, als würden sie sich schon ewig kennen.

„Was ist, Bhawin? Wo bist du jetzt?", wollte Anuya wissen.

„Ich fürchte, ich schaffe es nicht, deine Eltern ohne die Hilfe meiner Tante zu finden. Wir steigen gleich aus. Ich kann Kalkutta schon sehen. Aber wo nur soll ich morgen zu suchen anfangen? Ich denke, meiner Tante Charu können wir vertrauen. Sie ist noch jung und ganz anders als die meisten Erwachsenen. Wenn sie mir helfen soll, muss ich ihr aber so viel wie möglich verraten, verstehst du?", fragte Bhawin in Gedanken das Mädchen, welches er aufgrund ihres Namens so oft als „kleine Schwester" bezeichnet hatte.

„Ich habe ja auch gemerkt, dass sie anders ist als die meisten Menschen. Sie ist dir ähnlicher, als du denkst. Ich denke, ihr können wir unser Geheimnis anvertrauen. Pass auf: Ihr müsst zum großen Taxistand an der Jawaharlal Nehru Road, die früher Chowringi Road hieß. Dort fragt ihr nach meinem Vater, der Taxifahrer ist. Sein Name ist Govind Kumar. Lass dir etwas einfallen, damit er sich mit meiner Mutter trifft und dann erzählst du ihnen genau das, was ich dir sagen werde. Glaubst du denn, du schaffst das?", fragte Anuya Bhawin, der bis dahin aufmerksam zugehört hatte.

„Ja, das schaffen meine Tante und ich bestimmt. Sie kennt sich in Kalkutta aus und spricht außerdem auch Bengali. Sprechen deine Eltern denn auch Hindi?", wollte Bhawin von seiner unsichtbaren Freundin wissen.

„Ja, meine Eltern sprechen beide sowohl Hindi als auch etwas Bengali, ihr werdet euch also alle gut miteinander unterhalten können", beruhigte Anuya ihren kleinen Freund, der sich nun der Tragweite seines Vorhabens so langsam bewusst wurde.

„Gut, dann weihe ich meine Tante Charu heute Abend in alles ein. Wenn alles klappt und deine Eltern sich versöhnt haben, werden wir uns dann auch noch sprechen können oder wirst du dann fortgehen?", wollte Bhawin von Anuya wissen.

„Ich weiß es nicht genau, Bhawin. Aber ich denke, auch meine Reise auf dem Lebensrad wird weitergehen müssen. Deshalb ist es ja so wichtig, dass du meine Eltern triffst und sie sich versöhnen und wissen, dass es mir gut geht. Erst dann kann ich meinen Weg fortsetzen und die nächste Etappe in Angriff nehmen, verstehst du? Solange sie sich nicht wieder in Liebe vereinen, kann ich nicht loslassen und bin hier wie in einem Zwischenraum gefangen. Ich kann weder vor noch zurück, bis ich weiß, dass alles in Ordnung ist. Der Weg zurück ist mir auf Dauer versperrt. Aber auch nach vorne gehen kann ich so noch nicht, verstehst du?", fragte das Mädchen Bhawin, der gut verstand, was Anuya meinte. Er hatte in seinem jungen Leben ja ebenso bereits Erfahrungen mit dem Tod gemacht.

„Ja, ich glaube, ich verstehe. Als mein Vater damals starb, konnte ich auch erst an Festen und Feiern teilnehmen, nachdem meine Mutter mir versichert hatte, dass es ihm gutginge und er seinen Weg gehen müsste. Sie sagte mir, dass jede Seele eine Art Schulung macht und es manchmal Zeit ist, die Klasse zu wechseln, damit man etwas Neues lernt, was man in der alten Klasse nicht mehr lernen konnte. So wie, wenn man mit dem Zug irgendwo hinfahren möchte und muss umsteigen, um an sein Ziel zu kommen, weil der Zug ab einem gewissen Punkt in eine andere Richtung fahren würde. Aber wichtig ist, dass man fährt, auch wenn die Liebsten nicht immer mit dem gleichen Zug fahren können. Doch irgendwann treffen sich alle wieder an einem großen Bahnhof oder sie steigen zufällig in den gleichen Zug auf ihrer Reise zu ihrem Ziel."

„Ja, so ähnlich ist es wirklich. Wir müssen das Alte aber immer erst abschließen und loslassen, bevor wir etwas Neues in Angriff nehmen können. Kennst du Videospiele oder Spiele auf dem Handy? Da schafft man es auch nur ins nächste Level, wenn man das alte Level erfolgreich abgeschlossen hat", meinte Anuya.

Bhawin, der weder ein Handy besaß noch je in seinem Leben ein Videospiel gespielt hatte, wusste trotzdem, was sie meinte. Er hatte seit dem Tod seines Vaters vor zwei Monaten viel über den Tod nachgedacht.

„Ach, Bhawin, auch ich werde in einen Zug steigen müssen, um meine Reise zum Ziel meiner Seele fortsetzen zu können. Wer weiß, vielleicht sehen wir uns einmal und fahren ein Stück gemeinsam auf unserer Seelenreise. Dann wirst du mich an meinem Muttermal erkennen und ich dich an deiner Stimme, die so klingt wie keine andere, die ich je gehört habe."

„Ja", meinte Bhawin traurig, denn er spürte, dass der Abschied von seiner lieben Freundin Anuya langsam, aber unaufhörlich immer näher kam...

Er konnte manchmal an gar nichts anderes mehr denken.

Endlich war es soweit: Sie waren in Kalkutta angekommen. „Oh Tante Charu, schau mal", staunte Bhawin. Denn so einen großen Bahnhof hatte er noch niemals zuvor gesehen.

Überall liefen Menschen geschäftig hin und her. Es duftete nach verschiedenen Gerüchen, die er einfach nicht einordnen konnte. Menschen saßen zum Teil auf Bänken, zum Teil einfach auf dem Boden und sie waren so unterschiedlich angezogen und sprachen in so unterschiedlichen Sprachen und Dialekten, dass Bhawin sich fragte, ob dies wirklich noch Indien war. Sie brauchten eine ganze Weile, bis sie durch die wogende Menschenmenge nach draußen gelangten. Vor dem Bahnhof warteten mehrere Reihen gelbfarbiger Taxis darauf, gerufen zu werden. Der große Bahnhof befand sich in einem Stadtteil etwas außerhalb des Stadtzentrums. Dum Dum hieß dieser Bezirk, von dem aus man mit einem dieser Taxis in jeden Bezirk und Stadtteil von Kalkutta gelangen konnte.

Charu rief einen der Fahrer, der sich gerade mit einem anderen Fahrer unterhielt. Der Fahrer, der sich nun behände in seinen Wagen setzte, stand wenige Augenblicke später mit seinem Taxi vor ihnen und nahm ihnen das reichliche Gepäck ab. Nachdem er es in dem kleinen Kofferraum verstaut hatte, bat er Bhawin und Charu, hinten Platz zu nehmen. Die beiden taten wie geheißen und ließen sich mit einem Plumps auf den hinteren Plätzen nieder. Unwillkürlich musste Bhawin an Anuyas Vater denken, der ja auch Taxifahrer sein sollte. Ob dieser Mann ihn wohl kannte? Aber er traute es sich nicht, zu fragen. Bevor er irgendetwas in dieser Art unternahm, musste er erst seine Tante über sein Geheimnis unterrichten und dies war weder der richtige Ort noch die richtige Zeit dafür.

Charu nannte dem Fahrer einen Straßennamen. Es war eine kleine Straße im Töpferviertel Kumartuli. Hier, wo es sowohl für Einheimische als auch Touristen zahlreiche kleine und große Kunstwerke zu kaufen gab und stets jede Menge Feste gefeiert wurden, wohnte Charus Tante. Sie war seit einigen Jahren Witwe und freute sich jedes Mal sehr, wenn Charu sie für einige Tage besuchte. Dann kochte und buk sie den ganzen Tag, um ihre Nichte so richtig zu verwöhnen. Charu genoss diese Tage immer sehr. Manchmal kam Amal mit, der sich hier ebenfalls sehr wohlzufühlen schien. Denn anders als die anderen Bezirke und Stadtteile von Kalkutta, war Kumartuli fast wie ein kleines Dorf. Hier kannte man sich, feierte gemeinsam und erfreute sich an den schönen Dingen des Lebens. In Kumartuli waren Tradition und Moderne zu einer harmonischen Einheit zusammengewachsen, so dass sich vor allem Künstler und Menschen, die nach einem alternativen Lebensstil suchten, hier schnell Zuhause fühlten. Auch Bhawin gefielen die kleinen Häuser und die Gassen, die links und rechts mit religiösen Figuren und Skulpturen ausgestattet waren, auf Anhieb gut. Langsam freute er sich auf Charus Tante Sarai, bei der er nun einige Tage verbringen würde. In einer Seitenstraße hielt das Taxi.

Charu bezahlte den Fahrer und dieser hob ihnen ihre Koffer aus dem Kofferraum und stellte sie auf die Seite, denn hier gab es keinen Bürgersteig. Bhawin und Charu nahmen Koffer und Taschen und schwer beladen ging es nun zu Fuß weiter. Doch sie mussten nicht lange laufen, da hielt Charu vor einem kleinen, alten Haus, welches hinter einem Stand mit Tüchern und farbiger Wolle versteckt war. Sie gingen durch die Tür eine morsche Treppe hinauf und im 2. Stock, wo es nur eine Wohnung zu geben schien, klopfte Charu herzhaft an die einzige Tür.

„Tante Sarai, wir sind es: Bhawin und ich, Charu! Hallo Tante, hörst du mich?" Bhawin hörte, wie sich zarte Schritte näherten und langsam wurde von innen die Tür geöffnet. Eine kleine Frau, die mit einem weißen Kleid und einem ebenso weißen Tuch bekleidet war, schaute erst Charu, dann Bhawin lange an. Plötzlich überzog ein warmherziges Lächeln ihr

Gesicht und sie öffnete die Tür ganz, damit die beiden hereinkommen konnten.

„Charu, wie schön, dass ihr endlich da seid. Namaste! Und du musst Bhawin sein. Ich habe schon viel von dir gehört", sprach Sarai. Bhawin faltetet seine Hände vor sich und neigte seinen Kopf leicht, während er ebenfalls „Namaste" sagte.

„Macht euch ein wenig frisch und setzt euch. Ich bringe euch Tee und etwas Süßes, damit ihr euch von der langen Reise erholen könnt", meinte sie.

Sie ging in die Küche und kam kurze Zeit später, nachdem Bhawin und Charu sich in dem kleinen Bad Hände und Gesicht gewaschen hatten, mit einem vollbeladenen Tablett wieder. Auf dem Tablett standen drei Tassen Tee und eine große Schüssel mit herrlich süßen Burfis. Neben der Schüssel gab es noch einen kleinen Teller, auf dem sich frische Jalebis stapelten, an denen noch der klebrige Zuckersirup heruntertropfte. Bhawin lief bei dem Anblick der süßen Köstlichkeiten das Wasser im Mund zusammen.

„Greif zu, Bhawin!", forderte ihn die alte Dame nun auf. Sie war die Schwester von Charus Mutter und hatte – genau wie Charu – etwas Schalkhaftes in den Augen. Es war, als ob sie immer ein wenig lachen würde. Diese ungezwungene Heiterkeit tat Bhawin gut. Natürlich vermisste er oft seinen Vater, der erst vor wenigen Wochen gestorben war. Aber viel mehr vermisste er seine Mutter, die überhaupt nicht mehr dieselbe wie früher zu sein schien. Seit dem Tod ihres Mannes wurde sie von Ängsten und Sorgen geplagt und lachte überhaupt nicht mehr. Bhawin hatte jedes Mal ein schlechtes Gewissen, wenn er sich einmal freute und lustig war. Auch gesundheitlich schien es seiner Mutter in den letzten Wochen nicht gut zu gehen. Sie klagte oftmals über Übelkeit und schleppte sich nur mühsam zur Arbeit. Sie, die sonst so schnell und ordentlich wie niemand anderer, ein Teefeld nach dem anderen abernten konnte, litt jetzt immer häufiger unter Müdigkeit und geschwollenen Beinen, die sie abends hochlegte, um sie zu entlasten. Bhawin vertrieb die Gedanken an seine Mutter und biss herzhaft in einen süßen Burfi, während er mit der anderen Hand nach einem der knusprig frittierten Jalebis angelte, die direkt vor seiner Nase standen.

Am Abend, als er mit Charu in einem kleinen gemütlichen Zimmer lag, in dem außer zwei Betten nur noch ein hoher Schrank Platz hatte, wollte er sich endlich seiner Tante anvertrauen.

„Tante Charu, du wolltest doch wissen, wie das mit Anuya und mir ist und wie wir mit ihren Eltern Kontakt aufnehmen können", begann Bhawin.

„Ja, möchtest du mich jetzt in eure Pläne einweihen? Das wäre toll, denn ich weiß sonst nicht, wie ich dir helfen soll", meinte Charu, die schon gar nicht mehr damit gerechnet hatte, dass Bhawin von sich aus mit dem Thema auf sie zukommen würde.

„Aber du darfst nicht erschrecken und es auch keinem weitererzählen, auf jeden Fall jetzt noch nicht. Versprichst du mir das?", fragte Bhawin.

„Okay, das verspreche ich dir, Ehrenwort! Aber warum sollte mich die Geschichte erschrecken? So schlimm kann es doch nicht sein, oder?", lachte Charu unbekümmert.

„Irgendwie doch, Charu", schluchzte Bhawin auf einmal auf. „Nanu, was hast du denn?", fragte Charu, die jetzt zu Bhawin hinüberkam, sich auf sein Bett setzte und ihm hilflos über die Wangen strich.

„So schlimm?", sagte sie mehr zum Trost und erwartete eigentlich keine Antwort darauf. Doch Bhawin wollte nun den Kummer, der schon so lange auf seiner kleinen Seele lastete, endlich loswerden und berichtete unter Tränen: „Erst ist Vater gestorben und das war schon ganz, ganz schlimm, weißt du? Aber als ich erfahren habe, dass Anuya auch tot ist, das war fast noch schlimmer. Sie ist doch meine Freundin", schluchzte er mit einem Male.

„Anuya ist gestorben? Aber wann denn? Aber warum hast du mir denn nichts davon erzählt?", wollte Charu von ihm wissen.

„Sie ist schon länger tot, aber wir sind trotzdem Freunde. Wir unterhalten uns mit unseren Gedanken, weißt du? Aber sie geht bald fort und dann geht das auch nicht mehr. Das macht mich ganz traurig", sagte Bhawin.

Charu schwieg betroffen. Irgendwie hatte sie so etwas schon geahnt. Als sie im Zug die Augen geschlossen hatte und das Bild des Mädchens vor ihrem inneren Auge auftauchte, hatte sie schon so ein Gefühl gehabt.

Sie wusste, dass es mehr Dinge gab als das, was die meisten Menschen mit ihren Augen sahen. Diese Innenwelt war genauso real wie die Außenwelt. Und der Tod war nur eine Tür zu einem neuen Leben. Als sie klein war, hatten ihre Eltern einen Garten und sie beobachtete damals stets fasziniert, wie die alten Pflanzenreste von Unkrautpflanzen, die in einer Ecke auf einem ordentlich geschichteten Haufen lagen, sich nach und nach zersetzten. Irgendwann war aus diesen Pflanzenteilen wertvolle, duftende Erde geworden, aus der später wieder neues Leben hervorgehen würde.

Dieser Kreislauf zwischen Werden und Vergehen, zwischen Leben und Sterben zeigte ihr, dass es in Wirklichkeit keinen richtigen Tod gab. Es gab nur diesen einen, ewigwährenden Verwandlungsprozess, an dem jeder von ihnen teilnahm.

„Schau Bhawin", sagte sie. „Deine kleine Freundin braucht womöglich deine Hilfe. Vielleicht hast du eine wichtige Mission, die du erfüllen musst, damit sie beruhigt weitergehen kann. Ich verstehe deine Trauer, aber zum Trauern ist nachher auch noch Zeit. Zuerst müssen wir Anuya und ihren Eltern helfen, okay? Worum geht es denn nun eigentlich genau? Was sollst du denn machen, wenn du ihre Eltern ausfindig gemacht hast? Weißt du da Genaueres?"

„Ihre Eltern denken, sie wären daran schuld, dass Anuya diesen Unfall hatte. Darüber haben sie sich so doll gestritten, dass sie nun nicht mehr miteinander leben und reden wollen. Anuya möchte, dass ich ihnen sage, dass niemand etwas dafür kann und dass es ihr gut geht. Sie sollen sich keine Sorgen machen und sich auch nicht die Schuld dafür geben, was passiert ist", flüsterte Bhawin, der sich nun langsam wieder gefasst hatte.

„Und wie sollst du die Eltern finden?", wollte Charu von Bhawin wissen.

„Der Vater ist Taxifahrer und steht mit seinem Taxi in der hm, ich habe vergessen, wie die Straße heißt. Charu, ich bin so müde. Können wir schlafen und morgen weiterreden?", bat Bhawin, der sich nun, nachdem er seinen Kummer ein wenig losgeworden war, seltsam erleichtert fühlte und auf einmal hundemüde war.

„Klar, Bhawin, das machen wir. Schlaf schön, alles wird wieder gut, hörst du?", fragte sie ihn und strich ihm dabei eine letzte Träne von der Wange. Doch Bhawin war schon eingeschlafen und konnte ihr nicht mehr antworten.

Am nächsten Morgen wurde er durch laute Musik geweckt. Im Hof, der zu dem kleinen Haus mit den wenigen Wohnungen gehörte, ließen einige ältere Jungs einen Ghettoblaster mit Bollywood-Musik laufen. Sie übten scheinbar irgendeinen dazu passenden Tanz ein, um ihn bei nächster Gelegenheit aufführen zu können. Wie sich diese bunte Welt in Kalkutta doch von seiner kleinen Welt zu Hause unterschied. Bhawin war fasziniert von der Art, wie die Menschen in dieser Stadt lebten. Das musste er unbedingt seiner Mutter erzählen. Es war doch nichts Schlimmes dabei,

Musik zu hören, zu tanzen und das Leben zu genießen. Okay, die Männer und Frauen waren zum Teil moderner gekleidet als die traditionell lebenden Menschen in ihrem Dorf in Assam. Aber was war schon dabei? Darauf kam es doch nicht an, oder?

Und dieses Gefühl der Freiheit....

Einfach herrlich! Bhawin hüpfte aus dem Bett und sah, dass seine Tante scheinbar bereits aufgestanden war. Er wusch sich in dem kleinen Bad und marschierte dann in die winzige Küche, in der Tante Charu und Großtante Sarai schon beim Frühstück saßen. Es gab Kerala Appam! Die fluffigen Reispfannkuchen mit Kokosflocken aß Bhawin für sein Leben gern. Dazu servierte seine Tante ein Kichererbsen-Curry, das leckerer nicht hätte sein können.

Nachdem Bhawin gefrühstückt hatte, bat er Charu, mit ihm ein wenig durch das Viertel spazieren zu gehen, damit sie miteinander reden konnten.

Großtante Sarai ließ die beiden nur ungern ziehen, verstand aber, dass Bhawin, der das erste Mal in Kalkutta war, etwas von der Millionenstadt sehen wollte.

Draußen angekommen, gingen sie in einen nahegelegenen Park und setzen sich auf eine Wiese.

„Also Bhawin? Erzähl schon!", forderte Charu ihn zum Reden auf.

„Anuyas Vater heißt Govind Kumar. Er steht mit seinem Taxistand an der Jawaharlal Nehru Road.

Wir sollen zuerst zu ihm gehen und dann mit ihm gemeinsam zu Anuyas Mutter, die vor kurzem zurück zu ihren Eltern gezogen ist. Ich soll den beiden sagen, was sie – Anuya – mir sagt. Nur so können wir sie davon überzeugen, dass niemand an dem Unglück schuld ist und sie sich wieder versöhnen müssen", berichtete Bhawin.

„Okay, die Jawaharlal Nehru Road also. Die ist aber ganz schön lang. Da gibt es bestimmt viele Taxistände. In welcher Höhe soll ihr Vater denn stehen? Kann sie uns vielleicht ein

Gebäude nennen, das in der Nähe des Taxistandes steht?", wollte Charu nun von ihm wissen.

Im Geiste fragte Bhawin Anuya, ob es ein Gebäude gab, an das sie sich bei der Suche nach dem Taxi ihres Vaters halten könnten. Die Antwort kam sofort: Das Birla Planetarium, das erst vor wenigen Jahren in neuem Look eröffnet wurde, wäre ideal. Bhawin wusste mit dem Wort „Look" nicht viel anzufangen und war sich auch nicht ganz klar darüber, was es in einem Planetarium zu sehen gab. Aber er konnte diese Information an seine Tante weitergeben, die sofort wusste, wo das gesuchte Gebäude war.

So gingen sie zu einer größeren Hauptstraße, riefen ein Taxi und sagten dem Fahrer, dass sie zum Birla Planetarium wollten. Es dauerte eine gefühlte Ewigkeit, bis das weiße Gebäude mit der großen Kuppel vor ihnen auftauchte. „Birla Planetarium" stand dort mit großen Lettern über dem Eingang. Sie bezahlten den Fahrer und gingen, anstatt ins Planetarium, direkt zum nahegelegenen Taxistand. Der Fahrer, der sie nur wenige Minuten zuvor direkt vor dem Planetarium rausgelassen hatte, staunte nicht schlecht, als er die beiden zum Taxistand kommen sah. Er dachte, sie hätten vielleicht etwas im Wagen vergessen und ging auf die beiden zu.

Doch als sie ihn stattdessen nach einem Kollegen fragten, musste er lachen.

„Sie machen die weite und teure Taxifahrt hierher, um nach Govind Kumar zu suchen? Das hätten Sie doch auch einfacher haben können. In der Taxizentrale haben wir die Telefonnummern von allen Fahrern und wenn Sie mit ihm befreundet oder verwandt sind, hätte man sie Ihnen bestimmt gegeben."

„Wir kommen nicht von hier und dachten, es sei einfacher, auf diese Art nach ihm zu suchen", meinte Charu etwas beschämt. Zu Hause in Assam galt sie als moderne Frau. Hier bemerkte sie, dass sie doch weniger zeitgemäß lebte und dachte als die meisten Menschen in dieser großen Stadt.

„Warten Sie bitte einen Augenblick!", bat sie der Taxifahrer. „Ich werde ihn über Funk rufen lassen. Wir sind von der gleichen Zentrale und stehen stets miteinander in Kontakt."

Wenige Minuten später kam ein großer Mann in den Dreißigern auf sie zu. Charu erkannte ihn sofort, denn er sah genauso aus wie auf dem Bild, welches Bhawin von ihm, Anuya und ihrer Mutter gezeichnet hatte. Der nette Fahrer begrüßte Anuyas Vater kurz mit einem freundlichen Nicken und verabschiedete sich dann von Charu und Bhawin.

„Guten Tag, Herr Govind Kumar", überfiel Bhawin den fremden Mann, der ihn mit traurigen Augen ansah.

„Ja, der bin ich, aber woher kennst du mich?", meinte der Mann nun sichtlich überrascht.

„Ich bin ein eh… ein Freund Ihrer Tochter Anuya und dies ist meine Tante Charu", stellte Bhawin sich und Charu vor.

„Ich soll Ihnen etwas von Anuya ausrichten", kam er direkt zur Sache.

„Das kann nicht sein, mein Junge. Meine Tochter Anuya starb am ersten Tag dieses Lichterfestes bei einem Fahrradunfall."

„Ja, ich weiß. Aber bitte glauben Sie mir: Sie ist noch da und sie spricht mit mir. Sie sagt, Sie und Ihre Frau müssten sich unbedingt wieder versöhnen, sonst könne sie nicht weitergehen und wiedergeboren werden. Sie ist in einem Zwischenraum gefangen und ihr Rad der Wiedergeburt ist dadurch blockiert. Bitte, führen Sie uns zu Ihren Schwiegereltern, bei denen Ihre Frau gerade ist. Ich muss mit Ihnen beiden reden!" sprach Bhawin eindringlich.

„Ach Junge, wer glaubt denn heute noch an so etwas wie das Rad des Lebens und die Wiedergeburt."

„Bitte überlegen Sie doch einmal: Sie kennen mich nicht. Woher hätte ich wissen sollen, dass ihre Frau seit Anuyas Tod bei ihren Eltern lebt?"

Der Mann überlegte kurz, dann nickte er. „Okay, steigen Sie in mein Taxi. Wir fahren gemeinsam zu meiner Frau. Du sagst, du kannst mit Anuya reden? Auch jetzt?", wollte Herr Kumar wissen, der auf einmal ganz aufgeregt zu sein schien.

„Ja", erwiderte Bhawin kurz angebunden, als sie sich in das Taxi setzten.

Sie fuhren zu den Eltern von Anuyas Mutter und erzählten dort, was sie auf dem Herzen hatten. Anuyas Mutter war ebenfalls skeptisch, als Bhawin mit seiner Geschichte herausrückte. Sie forderte einen Beweis für seine Behauptungen. Doch egal, was sie Bhawin auch fragten, er bekam von Anuya stets die richtige Antwort. Er wusste Dinge über Anuyas Familie zu erzählen, die sonst nur Anuya selbst hätte wissen können.

„Sie sehen doch, dass es stimmt, was Bhawin sagt", meinte nun auch Charu, die bislang nur geschwiegen hatte, zu den weinenden Eltern.

„Niemand, schon gar nicht jemand von Ihnen beiden, trägt die Schuld für das, was da passiert ist. Es war ein Unglücksfall, sagt Anuya. Versöhnen Sie sich und lassen Sie Anuya ziehen, damit sie neu anfangen kann", bat sie.

Bhawin überreichte Anuyas weinender Mutter das Bild, auf dem Anuya zwischen ihren Eltern stand und lachte. Das Muttermal über ihrer rechten Augenbraue war auf diesem Bild deutlich zu sehen. Charu und er hatten getan, was sie konnten. Mehr konnten sie nicht tun. Herr Kumar fuhr sie zurück zu Tante Sarai. Seine Frau und er hatten an diesem Tag viel geweint und mussten erst einmal verdauen, was sie da erfahren hatten: Anuya ging es gut, sie waren nicht schuld, sie wollte weitergehen, konnte aber noch nicht... Das war nicht leicht, zu akzeptieren.

Wenige Tage später verabschiedeten sich Charu und Bhawin auch von Tante Sarai und fuhren zurück nach Hause.

Zu Hause angekommen, drückte die Mutter Bhawin ganz fest und offenbarte Charu und Bhawin ihr Geheimnis: Sie war schwanger, deshalb die Übelkeit und die Schwäche in den letzten Wochen. Es würde ein Mädchen werden, hatte der Arzt in Guwahati ihr gesagt. Sie weinte dabei ein wenig, da ihr geliebter Mann ja nun seine kleine Tochter doch nicht mehr kennenlernen würde. Bhawin wusste gar nicht recht, ob er sich freuen sollte, denn er dachte an Anuya, die bald nicht mehr da sein würde…

Einige Wochen später klopfte es an der Tür. Es war Charu, die ihm etwas erzählen wollte. Sie hatte über zehntausend Ecken erfahren, dass sich Anuyas Eltern wieder versöhnt hatten und Anuyas Mutter in den nächsten Tagen wieder zu Govind in die gemeinsame Wohnung ziehen würde.

Wenige Tage danach, als Bhawin gerade draußen mit den Jungs Fußball spielte, verabschiedete sich Anuya von ihm. Sie sagte ihm, dass sie zwar nicht genau wüsste, wohin ihr Weg sie führen würde, aber sie wäre sehr froh, nun endlich wieder weitergehen zu können.

Traurig beendete Bhawin sein Spiel und ging nach Hause. Dort war er recht überrascht, als ihm die alte Saguna die Tür öffnete.

„Hallo mein Junge", sprach sie. „Herzlichen Glückwunsch. Während du draußen Fußball gespielt hast, ist deine kleine Schwester auf die Welt gekommen."

„Was? Oh, geht es Mutter gut?", wollte Bhawin wissen.

„Ja, beiden geht es gut. Wasch dir die Hände und dann geh ins Schlafzimmer und begrüße die beiden", meinte die alte Saguna mit einem sonderbaren Lächeln auf den Lippen.

„Deine kleine Schwester", wiederholte sie noch einmal und sah ihn dabei schelmisch lächelnd an.

Bhawin tat, wie ihm geheißen und rannte förmlich in das kleine Schlafzimmer seiner Mutter.

Dort lag seine Mutter und hielt ein winziges Bündel im Arm. Bhawin hatte nur Augen für seine Mutter, die ihn müde, aber glücklich anschaute.

„Bhawin, gib deiner kleinen Schwester einen Kuss auf die Wange", forderte sie ihn auf.

Gerade als Bhawin sich hinunterbeugte, um die zarte Babywange zu küssen, da sah er es:

Über der rechten Augenbraue befand sich ein unübersehbares, kleines, dreieckiges Muttermal. In diesem Moment fragte ihn seine Mutter: „Bhawin, was hältst du davon, wenn wir sie Anuya nennen?"

„Ja, sie soll Anuya heißen", sagte Bhawin und küsste das Muttermal seiner kleinen Schwester.

KEMAL MUSS LEBEN

Kemal lebte mit seinen Eltern in einem kleinen Dorf im Osten der Türkei. Er war 7 Jahre alt, ging in die zweite Klasse und half seinen Eltern jeden Nachmittag nach der Schule bei der Pflege ihres Aprikosenhains. Im Herbst half er dabei, die vielen Bäume abzuernten und die Früchte auf den Wagen zu laden, mit dem sie auf den Markt gebracht wurden. Seine Familie war nicht unbedingt reich. Sie konnten aber gut leben und mussten sich keine Sorgen über ihre Zukunft machen. Doch eines Tages sollte sich ihr Leben von einem Moment zum anderen ändern.

Es war mitten in der Nacht, als Kemal davon aufwachte, dass er samt Bett unsanft hin und her gerüttelt wurde. Sein Bücherregal rutschte ebenfalls zweimal hin und her, bis es samt Büchern mit einem lauten Knall zu Boden fiel. Auch sein Nachttisch bewegte sich plötzlich wie von Zauberhand gezogen quer durch das Zimmer.

Zuerst dachte Kemal an einen Poltergeist, denn er konnte sich das Ganze überhaupt nicht erklären. Eine Woche zuvor hatte er im Fernsehen einen Film gesehen, in dem ein Poltergeist sein Unwesen trieb. Doch eigentlich glaubte er nicht so recht an Poltergeister und Dschinnis.

Da kamen seine Eltern hereingestürzt und riefen ihm aufgeregt etwas zu. Doch er konnte nichts verstehen, da überall Geschrei und laute Geräusche lärmten. Plötzlich gab der Boden unter ihm nach und Kemal fiel und fiel und fiel. Auf einmal war alles still. Keine Bewegungen mehr, kein Geschrei mehr, keine Eltern mehr… Nur Dunkelheit und absolute Stille. Kemal wischte sich das verstaubte Gesicht ab und versuchte, in dem Dunkel, das ihn umgab, etwas zu erkennen. Jetzt glaubte er, zu wissen, was passiert war. Es musste ein Erdbeben gewesen sein, welches ihr Haus zum Einsturz gebracht hatte. Doch wo waren seine Eltern?

Er räumte ein Rohr weg, das auf seinem Bein lag und schaute sich um. Kemal wusste nicht, wie weit unten er lag, es konnte der Keller sein oder aber auch das Erdgeschoss. Ob seine Eltern wohl in Ordnung waren? Suchten sie ihn womöglich schon und machten sich Sorgen?

Er rief, so laut er konnte, um Hilfe: „Mama, Papa, hier bin ich, hier unten. Hört ihr mich?" Doch es kam keine Antwort. Nicht das leiseste Geräusch drang zu ihm hier unten durch.

Noch einmal rief Kemal laut nach seinen Eltern, aber es gab immer noch keine Antwort. Irgendwann musste er wohl eingeschlafen sein, denn er träumte von seinem Geburtstag, den er erst vor kurzem gefeiert hatte. Doch ein schier unerträglicher Durst ließ ihn wieder erwachen. Er hatte zwar auch Hunger, aber der Durst war viel schlimmer und kaum noch auszuhalten. Vielleicht lag es an der trockenen und staubigen Luft hier unten – er wusste es nicht. Er wusste auch nicht, wie lange er schon hier unten gefangen war. Waren es Minuten, Stunden oder gar Tage?

Wieder rief er nach seinen Eltern. Da meinte er, ein leises Wimmern gehört zu haben. Er versuchte aufzustehen, aber es gelang ihm nicht. Denn die Decke, oder was auch immer es war, befand sich kaum einen Meter über dem Boden. Also kroch er auf allen Vieren in die Richtung, aus der er das Geräusch vermutete.

„Hallo, ist da jemand?", rief er immer wieder. Und jedes Mal schien dieses leise Wimmern aus scheinbar nächster Nähe zu kommen. Doch so sehr sich Kemal auch bemühte: Das Wimmern war jedes Mal aus einer anderen Ecke zu hören. Gerade als Kemal schon aufgeben wollte, hörte er jemanden ganz in seiner Nähe seinen Namen rufen. Es war die Stimme seiner Mutter, jetzt war er sich ganz sicher.

„Kemal, Kemal, hier bin ich!", hörte er sie. Er kroch weiter in Richtung ihrer Stimme und mit einem Male war er bei ihr. Sie lag mit geschlossenen Augen auf dem Boden und atmete schwer. Auch während sie mit ihm sprach, hatte sie die Augen geschlossen, so erschöpft schien sie zu sein.

„Mama, geht es dir gut? Bist du schwer verletzt, hast du Schmerzen?", wollte Kemal von ihr wissen. „Und wo ist Papa?"

„Ich weiß nicht, wo Papa ist, mein Schatz. Ja, ich glaube, ich bin leicht verletzt. Wahrscheinlich muss ich mich nur ein wenig ausruhen, dann wird es schon wieder. Wie geht es dir, Kemal?", fragte ihn jetzt die Mutter.

„Mir geht es nicht so gut. Ich bin so müde, aber ich habe solch einen Durst, dass ich es kaum aushalte, Mama. Mein rechtes Bein tut scheußlich weh, weil da ein Rohr draufgelegen hat.

Glaubst du, das war ein Erdbeben, Mama?", fragte er seine Mutter, die noch immer die Augen geschlossen hatte. Es kam zwar nur durch einen winzigen Spalt ganz weit oben ein wenig Licht in das Dunkel, doch dieses Licht genügte, um wenigstens ein bisschen zu erkennen.

„Ja, mein Schatz, das war tatsächlich ein Erdbeben."

„Wie lange sind wir schon hier unten? Meinst du, sie suchen schon nach uns?", fragte der erschöpfte Junge.

„Ich weiß nicht, wie lange wir schon hier sind, Kemal. Ich muss zwischendurch wohl ohnmächtig gewesen sein, daher kann ich das nicht genau sagen. Aber es wird schon einige

Stunden her sein, schätze ich. Bestimmt haben sie bereits zu suchen angefangen, gleich nachdem die letztenNachbeben aufgehört haben", beruhigte ihn die Mutter.

„Mama, ich lege mich jetzt auch hin, ich bin so müde", meinte Kemal und wollte sich neben seine Mutter legen. Doch diese bat ihn: „Kemal, ich habe auch solchen Durst. Kannst du nicht schauen, ob du hier irgendwo etwas zu trinken findest? Vielleicht haben wir ja Glück und befinden uns im Keller, wo wir die großen Wasserkanister für den Notfall aufgehoben haben. Auch andere Konserven könnten hier sein. Bitte schau erst nach, bevor du dich hinlegst, okay?"

„In Ordnung, Mama. Ich sehe mich ein wenig um", meinte Kemal und kroch auf den Knien durch das, was wohl tatsächlich nicht lange zuvor noch ihr Keller gewesen zu sein schien.

Überall lagen jetzt große Steine, Rohre und andere undefinierbare Bauteile herum. Auch Kabel lagen lose auf dem Boden und Kemal hatte Angst, dass auf einmal Funken aus ihnen heraustreten könnten und er einen Stromschlag bekommen würde. Nach wenigen Metern war er so erschöpft, dass er zu seiner Mutter zurückkehrte. Diese fragte, was er denn gefunden habe, doch Kemal schüttelte nur den Kopf: „Nichts, Mama, gar nichts. Nur Müll, Schrott und Kabel und viel Staub. Überall versperren einem die Mauerteile den Weg und weiter hinten ist es auch ganz dunkel. Da konnte ich nichts sehen", meinte Kemal resigniert.

„Dann versuche es doch einmal mit der anderen Richtung!", bat seine Mutter eindringlich. „Weißt du, ohne zu essen, das macht eigentlich gar nichts. Aber wir benötigen dringend Wasser, verstehst du?", fragte ihn seine Mutter, deren Lippen schon ganz aufgesprungen waren, so trocken waren sie.

„Okay, Mama, dann versuche ich es gleich nochmal, aber danach lege ich mich auch hin, okay?"

„Gut, aber erst suchst du für uns beide Wasser, in Ordnung, Kemal, mein Junge?"

Wieder kroch Kemal los – diesmal in die andere Richtung. Hier war es etwas heller, denn das Licht, welches durch den Spalt aus der Decke bis zu ihnen durchdrang, erhellte diesen Teil des Raumes ebenfalls, wenn auch nur notdürftig.

Auf einmal erkannte Kemal, wo er war. Dies war der Waschkeller, in dem seine Mutter immer ihre Wäsche wusch und bügelte. Direkt daneben musste doch der Vorratskeller sein, in dem seine Mutter allerlei Konservengläser und Trockenaprikosen lagerte. Hier mussten auch die Wasserkanister sein, von denen seine Mutter gesprochen hatte. Kemal versuchte sich zu erinnern, wo sich die Tür befand, die vom Waschkeller direkt in den Vorratskeller führte.

Da: Das musste sie sein. Sie sah ziemlich mitgenommen aus und ließ sich nicht bewegen. Die Wand, in der sich die Tür befand, war zum größten Teil eingefallen. Dennoch hätte er nicht über die Mauerreste der Wand hinüberklettern können, denn auch hier befanden sich überall Teile des Erd- und Obergeschosses, so dass kein Durchkommen möglich war. Außerdem war es hier wieder stockdunkel.

Enttäuscht machte sich der Junge auf den Weg zurück zu seiner Mutter.

„Mama, ich habe den Vorratskeller gefunden, aber die Durchgangstür ist versperrt und ich komme nicht durch." Kemal war den Tränen nah. Er war hungrig, durstig, müde und total erschöpft. Außerdem taten ihm Kopf und Beine weh und ihm war so schwindelig wie noch nie in seinem Leben.

„Kemal, du musst es nochmal versuchen, bitte! Es gibt doch noch die Tür zum Flur. Vom Flur aus führt dann wieder eine andere Tür in den Vorratskeller, das weißt du doch. Du schaffst das, bitte!", meinte die Mutter eindringlich.

„Mama, ich kann nicht mehr. Ich möchte mich nur kurz ausruhen, bitte!", bat der verzweifelte Junge. Doch die Mutter gab nicht nach und so machte sich Kemal erneut auf den Weg. Diesmal suchte er die Tür, die zu dem langen Flur führte, an dessen Ende es hinaus in den Garten ging. Vom Flur aus kam rechts zuerst eine zweite Tür, die ebenfalls zum Wäscheraum führte, in dem sie sich jetzt befanden. Die nächste Tür im Flur war die zum Vorratsraum. Doch die Tür zum Flur fand er nicht, denn die war einfach nicht mehr da. An dem, was einst der stabile Türrahmen gewesen war, erkannte er jedoch, dass vor ihm der Flur lag. Er kletterte vorsichtig über die vielen Steine und den Schrott, der zwischen dem einstigen Türrahmen lag und war nun im Flur angekommen. Nur noch wenige Meter trennten ihn von dem, was einmal die Tür zum Vorratskeller gewesen war. Die war zwar immer noch da, aber so verzogen, dass er sie nicht öffnen konnte. Er dachte an seine Mutter, die so ausgetrocknet und krank aussah und nahm einen der Steine, die überall herumlagen. Mit diesem schlug er ein Loch in das Holz der Tür. Immer wieder schlug er auf die Tür ein, bis das Loch groß genug war, damit er sich hindurchzwängen konnte, ohne, dass ihn die herausragenden Holzsplitter verletzten. Hier war es stockdunkel. Kemal bekam Angst. Da hörte er von nebenan seine Mutter nach ihm rufen:

„Kemal, ist alles in Ordnung? Hast du den Vorratskeller gefunden?"

„Ja, Mama, aber es ist dunkel hier. Ich muss vorsichtig sein. Trotzdem finde ich bestimmt die Kanister und die Kisten mit den Trockenaprikosen", rief Kemal, wohl mehr, um sich selbst Mut zu machen.

„Gut, mein Junge, du schaffst das schon, ich weiß das!", rief ihm die Mutter zu.

Zentimeter für Zentimeter robbte sich der Junge vorwärts, wobei er angestrengt versuchte, etwas zu erkennen. So langsam gewöhnten sich seine Augen sogar an das Dunkel und er konnte nach weniger Minuten schon die Umrisse ihres

Vorratskellers – oder vielmehr das, was von diesem noch übrig geblieben war – erkennen.

Dieser Raum war tatsächlich nicht ganz so zerstört, wie es von außen den Anschein hatte. An der rechten Seite konnte Kemal ganz deutlich die vielen Wasserkanister ausmachen, die sein Vater aufgestapelt hatte, falls einmal – warum auch immer – die Wasserleitungen kein Wasser transportieren sollten.

Nun, dies war ja wohl so ein Notfall, dachte Kemal. Doch wie sollte er einen 20-Liter-Kanister allein nach drüben zu seiner Mutter schleppen? Und das noch auf allen Vieren?

Wenigstens konnte er sich hier aufrecht hinsetzen. Er lehnte sich mit dem Oberkörper auf die noch halbwegs stabile Wand und überlegte.

Da sah er die leeren Marmeladengläser, von denen einige wie durch ein Wunder das Erdbeben überlebt hatten und noch immer im Regal standen. Auch das Regal selbst schien nicht allzu viel abbekommen zu haben. Hier standen neben den leeren Marmeladengläsern noch Gläser mit essigsaurem Gemüse und anderen Leckereien. Kemal hatte nicht gewusst, dass der Anblick von Konserven jemanden so glücklich machen konnte, wie dies jetzt bei ihm der Fall war. Er nahm ein leeres Marmeladenglas, schraubte den Deckel ab und ließ es mit Wasser aus einem der Kanister volllaufen. Gierig trank er das Glas leer und füllte es dann erneut mit Wasser auf. Danach verschloss er Glas und Kanister sorgfältig. Er nahm noch ein Glas mit gesäuerten Bohnen und steckte es in die breite Hosentasche seines Pyjamas. Wenn er mit dem Marmeladenglas in der rechten Hand ganz vorsichtig den Weg zurück zu seiner Mutter kriechen würde, dürfte das Bohnenglas eigentlich mit etwas Glück in der Hosentasche bleiben, ohne herauszufallen. Zentimeterweise schob er sich vorwärts. Jedes Mal, wenn er glaubte, keine Kraft mehr zu haben, dachte er an seine Mutter, die drüben im Waschkeller lag, verletzt war und seine Hilfe brauchte. Dies gab ihm die Kraft, weiterzumachen und durchzuhalten, bis er endlich wieder bei ihr war.

„Kemal, hast du etwas zu trinken gefunden?", wollte seine Mutter von ihm wissen.

„Ja, Mama, es ist noch genug zu essen und zu trinken da, bis uns jemand findet und rettet. Es kann ja nicht ewig dauern, oder?", fragte Kemal, während er das Glas mit dem Wasser aufschraubte und seiner Mutter zu trinken gab.

Nachdem sie ausgiebig getrunken hatte, holte er das Bohnenglas aus seiner Hosentasche.

„Mama, schau mal, was ich hier habe. Toll, was? Später hole ich nochmal Wasser und auch Trockenobst, okay?", meinte Kemal, der jetzt sogar etwas wie Lebensfreude empfand bei dem Gedanken, dass er nun eine große Verantwortung trug und wusste, wie er an ausreichend Essen und Trinken kommen konnte. Gemeinsam leerten sie das Bohnenglas in wenigen Minuten.

„Nein, es wird bestimmt nicht mehr lange dauern, Kemal", hörte er seine Mutter sagen, als er sich gerade neben sie legen wollte.

„Aber du solltest jetzt nicht schlafen, Kemal. Sie suchen uns bestimmt schon. Du musst auf uns aufmerksam machen. Da war doch irgendwo ein Rohr, hast du gesagt. Das, welches auf deinem Bein gelegen hat. Mit dem kannst du an ein anderes Rohr klopfen. Das wird genug Krach machen, damit sie uns da oben hören. Schlafen kannst du auch noch, wenn sie uns erst gefunden haben, mein Junge", meinte seine Mutter.

„Mama, ich bin müde, ich kann nicht mehr, ehrlich", entgegnete Kemal.

Doch seine Mutter blieb hartnäckig und ließ nicht locker: „Nein, Kemal, wenn du jetzt einschläfst, hörst du nicht, wenn sie rufen und ich bin zu schwach, um mich bemerkbar zu machen. Hol das Rohr, ruf um Hilfe und schlag auf ein anderes, am Boden liegendes Rohr, so fest du kannst. Aber mach zwischendurch immer mal eine Pause, damit du hörst, ob jemand antwortet."

„Okay. Mama, ich versuche es!", versprach der Junge und kroch zu dem Rohr, welches weiter hinten im Dunkeln lag. Die Feuerwehrmänner Hakan und Altay standen oben und begutachteten das, was von dem einstigen Wohnhaus der Familie Ates noch übriggeblieben war. Auch bei den anderen betroffenen Häusern waren etliche Leute dabei, nach Überlebenden zu suchen und diese zu bergen.

„Hallo, ist da jemand?", rief Hakan und versuchte vorsichtig, einige der Brocken sowie diverse Mauer- und Möbelreste beiseitezuräumen. Er war allerdings nicht sehr optimistisch. Seit 3 Tagen waren sie schon dabei, die Reste der eingefallen Häuser wegzuräumen und nach Verletzten zu suchen. In den letzten 24 Stunden hatten sie in diesem Ort jedoch nur noch Tote bergen können.

„Psst... seid mal alle leise, ich glaube, ich habe etwas gehört", bat Hakan plötzlich.

Alle schauten ihn fragend an. Wer sollte da unten mehrere Tage ohne Wasser, Luft und Nahrung überlebt haben?!

Da – jetzt konnte Altay es auch hören. Peng, Peng, Peng. Irgendetwas oder irgendjemand war da unten und machte Krach.

„Hallo, ist da jemand?", rief Hakan nun erneut, diesmal aber wesentlich lauter und mit neuer Hoffnung, die sich in seiner Stimme niederschlug.

Pause, dann kam das bekannte Geräusch wieder. Peng, Peng, Peng. Jemand schien einen harten Gegenstand gegen ein Metall oder etwas Ähnliches zu schlagen.

Jetzt hörten sie eine zarte Stimme – wie aus weiter Ferne – rufen: „Hallo, hier unten sind wir! Hier unten, hört mich irgend jemand? Hallo, ist da oben jemand?"

„Das muss Kemal Ates sein!", rief Hakan erleichtert. Er kannte die Familie Ates schon lange und konnte es nicht fassen, dass Kemal noch da unten und am Leben sein sollte.

„Kemal, bist du es? Halte durch! Bleib ganz ruhig. Wir sind bald bei dir, in Ordnung Kemal, mein Junge?"

„Ja, okay. Ich bin so froh, dass ihr uns gefunden habt."

„Wir? Wer ist denn noch bei dir da unten, mein Junge?", wollte Hakan von ihm wissen, während andere Arbeiter mit schweren Geräten versuchten, die Hausteile abzutragen, ohne dass das, was von dem Haus noch übrig war, womöglich noch weiter zusammenstürzte.

„Meine Mama ist neben mir, es geht ihr nicht so gut", rief Kemal nun von unten.

„Deine Mama, okay. Und wie geht es dir?", fragte Hakan nun.

„Ich bin total müde, mir tut alles weh, aber sonst geht es mir gut.", kam Kemals Stimme nach oben. Diesmal klang sie weniger gedämpft als noch vor wenigen Minuten. Denn sie kamen mit den Aufräumarbeiten gut vorwärts. Das Wissen um die zwei Überlebenden spornte die Arbeiter besonders an. Trotzdem mussten sie Vorsicht walten lassen, wollten sie Kemal und seine Mutter dort unten nicht gefährden.

„Ich kann ihn sehen", rief da plötzlich einer der Arbeiter, der sich – am Boden liegend – über ein tiefes Loch im Geröll beugte.

„Hey Junge, alles gut? Mein Name ist Musal. Du bist Kemal, nicht wahr? Hör zu: Wir lassen dir jetzt ein Seil herunter. Das bindest du dir mit einem Haken um den Bauch und wir ziehen dich hoch, okay?"

„Nein, bitte kommen Sie zu uns nach unten. Ich schaffe das nicht allein. Außerdem müssen Sie meiner Mutter helfen. Sie schafft es auch nicht allein", schluchzte Kemal.

Jetzt verließen ihn doch so langsam seine Kräfte.

„Wo ist denn deine Mutter?", wollte der Arbeiter, der vom Technischen Hilfswerk war, von ihm wissen.

„Sie liegt direkt neben mir. Sie blutet am Kopf und es geht ihr schlecht", rief Kemal ihm zu. Der Arbeiter blickte suchend nach unten und schüttelte dann den Kopf.

„Okay, mein Junge. Hör zu: Ich komme ganz langsam zu dir nach unten. Dann halte ich dich gut fest und wir lassen uns gemeinsam nach oben ziehen, ja?"

„Gut Musal, aber was ist mit meiner Mutter?", wollte Kemal wissen.

„Sobald wir oben sind, lässt sich ein Kollege von mir runter und schaut nach deiner Mutter, in Ordnung, Kemal?"

„In Ordnung, Musal."

Musal wurde nun mit einem Seil gesichert, welches an einer Seilwinde befestigt war, die wenige Meter außerhalb auf sicherem Boden stand. Stück für Stück wurde er nun in die Tiefe gelassen, bis er direkt neben Kemal zu stehen kam.

„Kemal, ich sichere dich nun auch mit einem Seil und halte dich außerdem mit einem Arm ganz fest. Wenn ich an dem Seil kurz und fest ziehe, wissen meine Kollegen oben Bescheid und ziehen uns hoch. Bist du soweit?", wollte Musal wissen, nachdem er Kemal gesichert hatte.

„Ja. Mama, gleich kommt jemand zu dir und holt auch dich, ja?", fragte Kemal seine Mutter, doch bevor er noch eine Antwort hören konnte, wurden er und Musal nach oben gezogen.

Oben wurde er unter lautem Klatschen und Jubel empfangen und direkt in einen wartenden Krankenwagen gebracht.

Immer wieder fragte er nach seiner Mutter, die ihm doch mit ihrer Hartnäckigkeit das Leben gerettet hatte. Doch jedes Mal hieß es, sie würden sich um sie kümmern, er müsse jetzt erstmal ins Krankenhaus, um jetzt ganz schnell wieder gesund zu werden. Die Krankenhaustüren schlossen sich und der Wagen fuhr langsam los in Richtung Krankenhaus.

„Musal, wo ist denn nun die Mutter des Jungen, willst du jetzt runter, oder soll ich?", fragte ihn Kollege Taifun, der bereit war, runterzugehen und nach Kemals Mutter zu schauen.

„Taifun, ich habe unten niemanden mehr gesehen. Ich denke nicht, dass die Mutter dort unten ist. Aber lass dich vorsichtshalber runter und schau dich um. Der Junge hatte gesagt, seine Mutter wäre direkt neben ihm, aber da war niemand."

„Okay, lasst mich runter", rief Taifun.

Da kam Hakan angerannt. Er hatte mit dem Krankenhaus telefoniert, in welches der Junge jetzt gebracht werden sollte. „Halt, nicht runtergehen. Da unten ist niemand mehr. Kemals Eltern sind direkt nach dem Erdbeben vor 3 Tagen gerettet worden und befinden sich ebenfalls im Krankenhaus.", erklärte er.

„Die Mutter auch?", wollte Musal nun wissen.

„Ja, die Mutter auch. Sie hat schwere Kopfverletzungen davongetragen und lag die ganze Zeit im Koma. Gerade vor wenigen Minuten erst ist sie aus dem Koma aufgewacht. Kemal muss sich das Ganze wohl eingebildet haben. Seine Mutter war nie dort unten gewesen! Wie auch immer: Hauptsache er hat es geschafft und ist bald wieder glücklich mit seinen Eltern vereint", meinte Hakan und wandte sich um, damit niemand seine Tränen sehen konnte.

DER UNBEKANNTE

Er befand sich im Krankenhaus. Das erkannte er auf den ersten Blick, nachdem er aufgewacht war. Komisch, er konnte sich gar nicht daran erinnern, krank gewesen zu sein. Was noch viel seltsamer war: Er konnte sich an so ziemlich gar nichts erinnern, was seine Person betraf. Gut, er wusste, dass noch immer das Jahr 2021 war. Aber seinen Namen – er musste doch einen Namen haben – den hätte er nicht sagen können. Auch welchen Beruf er gewöhnlich ausübte, wer seine Freunde waren oder ob er verheiratet war – all dies wusste er nicht. Er schaute auf seine Hände: Nein, er trug keinen Ring. Also war er zumindest nicht verheiratet. Womöglich war er doch krank, denn er hatte fürchterliche Kopfschmerzen. Ob sein Gedächtnisverlust vielleicht daher rührte? Oder hatte er einen Unfall gehabt? Bei diesem Gedanken regte sich irgendetwas in seinem Inneren. Da kam ihm ein kurzes Bild, ein nicht zu fassender Gedanke, der so schnell vorbeihuschte, wie er zuvor aufgetaucht war.

Er stand auf, ging zum Fußende des Bettes und nahm sich das Krankenblatt.

Doch selbst da stand kein Name – im Gegenteil: Irgendein Witzbold hatte dort, wo normalerweise der Name des Patienten hinkam, ein großes Fragezeichen hingemalt. Dahinter stand in ebenso großen Buchstaben:

Unbekannte Person!

Na, das konnte ja heiter werden. Er war doch nicht unbekannt, obwohl er sich momentan scheinbar selbst nicht zu kennen schien. Da konnte man nichts machen.

Er ging auf den Flur hinaus, um nach einer Schwester zu rufen. Die kam auch gleich und dirigierte ihn rasch wieder in sein Krankenbett hinein.

„Sie hatten einen Unfall und eine schlimme Kopfverletzung. Sie müssen liegen bleiben!", schimpfte dieser Drache von Krankenschwester mit ihm.

„Ich komme gleich, wir haben doch noch gar nicht ihre Personalien aufschreiben können. Sie hatten keine Papiere dabei, wissen Sie?"

Als sie keine 5 Minuten später in sein Zimmer kam, fragte er nach ihrem Namen.

„Ich bin Schwester Gisela und hier die Oberschwester", meinte sie streng.

„Oberschwester, Oberweite, obertoll", entfuhr es ihm, ehe er es sich versah.

Sie guckte ihn verdutzt an und entgegnete: „Das schieben wir mal auf Ihre Kopfverletzung. So, wie ist denn jetzt Ihr Name und wo sind Sie versichert?", wollte sie von ihm wissen.

„Ich weiß es nicht, ich weiß nämlich so gut wie gar nichts mehr", beichtete ihr der Unbekannte.

Er musste ihr dauernd in den gut sichtbaren Ausschnitt hinein starren. Es war, als sei sein Blick wie durch einen Magneten angezogen und würde ganz von allein bei jedem Versuch, woanders hinzuschauen, wieder im Ausschnitt der Schwester landen.

„Nun gut, das wird wohl an der Gehirnerschütterung liegen, die der Arzt ohnehin schon vermutet hatte. Dann bleiben wir mal schön im Bett liegen, mein Herr."

Wir? Hatte sie tatsächlich „wir" gesagt?

„Sie meinen, Sie würden sich hier neben mich legen, junge Frau?", fragte er sie und beim Anblick der wallenden Brüste fielen ihm beinahe die Augen aus dem Kopf.

„Nein, mein Herr, das meinte ich nicht! Ich muss doch sehr bitten! Wir sind hier in einem etablierten Krankenhaus und nicht in irgendeinem ordinären Bordell und Freudenhaus!"

Bordell, ja dieses Wort löste in ihm erneut einen Anflug einer vagen Erinnerung aus. Doch wieder war es nichts Greifbares. Aber zumindest war weiter unten noch alles in Ordnung bei ihm, denn das Wort „Bordell" und die gestrenge Schwester mit ihrer Oberweite hatten dort eindeutig noch etwas anderes ausgelöst.

„Schwester, haben Sie hier so ein paar Heftchen? Sie wissen schon."

„Heftchen, was für Heftchen denn?", fragte sie erstaunt, nachdem sie bereits die Tür zum Flur geöffnet hatte.

„Na Heftchen für den reifen Mann! Heftchen mit hübschen, jungen Dingern, die nicht so verklemmt dreinschauen wie Sie!"

„Das ist ja die Höhe! So eine Frechheit!", regte sich Schwester Gisela auf und knallte mit Schwung die Tür von außen zu.

Der Mann, der sein Gedächtnis verloren hatte, legte sich mit einem Grinsen zurück auf sein Kissen und überlegte. Scheinbar war er jedenfalls kein Kind von Traurigkeit, wenn er sogar durch die alternde Krankenschwester erregt werden konnte.

Da es ihm so allein doch langweilig wurde, beschloss er, sich im Krankenhaus ein wenig umzuschauen.

Er stand erneut auf, öffnete die Tür und hielt nach Schwester Gisela Ausschau. Als er sicher war, dass sie sich nicht in der Nähe befand, schlich er sich aus dem Zimmer, durch den Flur und zu den Aufzügen.

Doch wo genau sollte er hin? In das Erdgeschoß vielleicht, wo man bestimmt eine Tasse Kaffee trinken konnte?! Dies hielt er für eine gute Idee, bis ihm einfiel, dass er ja gar kein Geld bei sich hatte. Tja, hier war guter Rat teuer. „Woher nehmen, wenn nicht stehlen?", dachte er bei sich und plötzlich erhellte sich sein Gesichtsausdruck. Das war doch überhaupt *die* Lösung: Er könnte einen Mitpatienten um ein paar Euro erleichtern und sich dann einen Kaffee und dazu ein Stück Kuchen gönnen.

Gesagt – getan! Er fuhr in den zweiten Stock, ging dort auf die Station – es war die Onkologie, doch das störte ihn nicht – und tat so, als suche er jemanden. Von Zimmer zu Zimmer schleichend, lugte er jedes Mal vorsichtig durch die Glasscheibe, die sich in Augenhöhe jeder Tür befand. Zimmer Nummer 12 tatsächlich war leer, wenn man einmal von dem Portemonnaie absah, das da auf dem Nachtisch lag und scheinbar nur darauf wartete, von ihm entdeckt zu werden.

Noch einmal sah er sich in aller Ruhe um, dann ging er in das Zimmer hinein. Schnurstracks führten ihn seine Schritte zu dem Geldbeutel, den er schnell in seine Pyjamahose steckte. In Ermangelung eigener, angemessener Kleidung für seinen Krankenhausaufenthalt hatte man ihm einen gebrauchten Pyjama aus der Kleiderkammer des Krankenhauses gegeben, die einst für solche Notfälle eingerichtet worden war.

Dieser Pyjama hatte große, tiefe Taschen, was sich in diesem Moment als wahrer Segen erwies.

Beim Umdrehen in Richtung Tür sah er noch einen schwarzen Damenslip auf dem Bett liegen. Er nahm ihn in die Hand, hob das gute Stück an die Nase und roch ausgiebig daran.

Kurz entschlossen steckte er sich den Slip in die andere Pyjamatasche und marschierte hoch erhobenen Hauptes wieder aus dem Zimmer hinaus. Dann suchte er die Toilette im Erdgeschoß auf und zählte begierig seine Beute.

Es waren immerhin 65 Euro und einige Cents, die er jetzt sein Eigen nannte. Er stopfte sich die Scheine in die Pyjamatasche und roch noch einmal an dem schwarzen Slip. Dann ging er in den Waschraum und legte das Portemonnaie gut sichtbar auf das Waschbecken, wo es ein ehrlicher Finder dann auch sicher entdecken würde.

Nachdem er sich im Café bei Kaffee, Kuchen und der netten, jungen Bedienung amüsiert hatte, fuhr er mit dem Aufzug wieder in den dritten Stock. Zeitgleich fuhr eine Dame, die vermutlich seines Alters war, mit ihm nach oben. Scheu lächelte sie ihn an und sagte: „Hier kann man sich ja ganz schön verlaufen, nicht wahr? Ich war vorhin in der Krankenhauskapelle, um ein wenig zur Ruhe zu finden und zu beten, aber plötzlich wusste ich nicht mehr, wie ich das Zimmer meiner Mutter finden sollte. Kennen Sie die kleine Krankenhauskapelle im Erdgeschoß?"

Nein, die kannte er nicht. Woher denn auch und vor allem wofür?! Schließlich war er ja nicht zum Beten hier!

„Wissen Sie, Gott hat schon so manches Mal meine Gebete erhört", fuhr die nette Dame fort.

„Glauben Sie an Gott?", fragte sie ihn plötzlich.

„Ich?", fragte der sich selbst Unbekannte und überlegte kurz.

„Ich? Also ich glaube nicht, dass ich an Gott glaube.", war dann seine wirklich mehr als merkwürdige Antwort.

„Sie wissen es nicht mit Sicherheit, meinen Sie? Sie wissen nicht, ob Sie an ihn glauben?"

Verflucht, war das Weibsstück hartnäckig! Und was faselte sie da ständig von Gott?!

„Also ich bezweifle stark, dass es so etwas wie einen Gott gibt. Ich bin mir mein eigener Gott, verstehen Sie? Ich hoffe, ich habe Sie jetzt nicht allzu sehr verschreckt", meinte er amüsiert, als er ihren fassungslosen Gesichtsausdruck bemerkte.

„Naja, ich finde das irgendwie traurig und ja, auch erschreckend, wie Sie das so sagen. Ihr eigener Gott! Das klingt ja so, als seien Sie ganz allein auf der Welt."

„Jeder ist allein auf der Welt, verstehen Sie? Jeder! Jeder in seiner eigenen, verfluchten Welt!", herrschte er sie an.

Gerade da öffnete sich die Lifttür und eine ältere, recht gebrechlich wirkende Dame mit Gehstock stand davor. Sie wollte herein, er wiederum aus dem Aufzug raus und so ging es eine Weile hin und her, bis er schließlich erneut die Fassung verlor und brüllte: „Jetzt schieben Sie schon Ihren runzligen Arsch beiseite, Sie alte Krawallschachtel!"

Da holte die alte Krawallschachtel ordentlich aus und hieb ihm mit dem Gehstock eins über seinen noch längst nicht ausgeheilten Brummschädel.Wie ein nasser Sack wollte er zu Boden gehen. Die nette Dame, die er soeben noch garstig angebrüllt hatte, als sie ihn fragte, ob er an Gott glaube, hielt ihn gerade noch fest. Er taumelte mehr als er lief und war sogar schon fast froh darüber, kurz darauf Oberschwester Gisela zu sehen, die auch sofort eine bitterböse Schimpftirade auf ihn losließ.

Er wurde ins Bett verfrachtet und war erst einmal zu keiner Erklärung mehr fähig.

Auch als die Polizei kam, um herauszufinden, wer er war und woher er kam, konnte er noch immer nichts Wesentliches zur Aufklärung des Dilemmas beitragen.

So durchsuchten sie scheinbar nur seine Kleidung, die er zur Zeit des vermeintlichen Unfalls getragen hatte. Ein Autofahrer hatte ihn mitten auf der Straße liegen sehen und den Krankenwagen gerufen. Laut diesem sollte er eine kräftige Alkoholfahne gehabt und unverständliche Worte, die wie Flüche und Verwünschungen geklungen haben sollen, geäußert haben.

„Aha, was haben wir denn da?", freute sich der eine Beamte, der sich die Jackentaschen des Unbekannten vorgenommen hatte. Triumphierend hob er eine Visitenkarte in die Höhe und schielte mit einem schelmischen Grinsen auf den Mann, der darauf wartete, wenigstens einen Teil seines Gedächtnisses wiederzuerlangen.

„Was ist das?", fragte der Unbekannte misstrauisch und wollte nach dem Arm des Polizisten greifen. Doch dieser wich ihm behände aus und las laut vor: „Zu Rosalinde – dem etwas anderen Freudenhaus"

„Sagt Ihnen das etwas?", wollte die hübsche Kollegin des Beamten nun von dem Unbekannten wissen.

„Aber nein, wo soll der Puff denn sein?", fragte der Angesprochene, der nicht einmal peinlich berührt schien.

„Das Establishment befindet sich in Klein-Obersbach", entgegnete nun der Polizist.

„Vielleicht wohnt unser Unbekannter ja dort irgendwo und irgendjemand im Ort kennt ihn.

Womöglich kann sich auch eine Dame aus dem ...eh Freudenhaus an ihn erinnern."

„Also, sollte ich mich dort wirklich mit einer der Damen amüsiert haben, dann wird sie sich mit Sicherheit noch an mich erinnern können", war die neunmalkluge Antwort.

„Nun gut, wir geben auf dem Revier Bescheid und dann fahren wir hin und versuchen, etwas herauszubekommen. Sobald wir etwas Brauchbares wissen, erfahren Sie es sofort als Erstes, in Ordnung?", versprach ihm die nette Polizeibeamtin. „In Ordnung, Zuckerpüppchen"

„Lassen Sie bitte die anzüglichen Sprüche, sonst handeln Sie sich noch eine Menge Ärger ein!", war der gutgemeinte Rat der Polizistin, die dem alternden Mann ohne Gedächtnis irgendwie scheinbar nicht richtig böse sein konnte.

„Jawohl, Frau Kommissar!", meinte dieser gelassen und beschloss, sich erst einmal auszuruhen, um seinen Brummschädel zu beruhigen.

Das nette Polizistenpaar fuhr sogleich in das beschauliche Dörfchen Klein-Obersbach und stattete dort besagtem Freudenhaus einen Besuch ab. Sie wurden herzlichst empfangen und die Dame des Hauses erwähnte, dass sie ihre Pforten in Klein-Obersbach erst seit wenigen Tagen geöffnet hatten, da man im Dorf doch scheinbar recht prüde und konservativ eingestellt sei.

„Wissen Sie, das ganze Dorf ist streng katholisch, so etwas haben Sie noch nicht gesehen. Und dieser komische, verspannte Pastor, den die hier haben, hat uns die Eröffnung letzte Woche auch nicht gerade leicht gemacht. Ständig kam er hereingeschneit und hat an unser nicht vorhandenes christliches Gewissen pochen wollen. Und als er bei uns nicht weiterkam, hat er draußen gewartet und bei jedem Kunden, der – nichts Böses ahnend – hereinkommen wollte, einen wahren Höllenspektakel veranstaltet. Und das am Eröffnungstag und auch an den ersten Tagen danach. Naja, irgendwann hat er dann von allein aufgegeben und unsere Kunden und wir haben seitdem unsere Ruhe.

Nur, weil es ihm von Berufs wegen untersagt ist, diese Form der weltlichen Freuden zu genießen, kann er es noch lange nicht allen anderen verbieten, nicht wahr?", meinte die Dame, welche die anderen Damen scheinbar ein wenig unter ihrer gestrengen Fuchtel hatte.

„Wir wollten Sie eigentlich nur etwas Bestimmtes fragen. Können Sie sich an einen Mann erinnern, dem Sie die Visitenkarte Ihres Hauses mitgegeben haben?", wollte der Polizeibeamte von der Chefin des Freudenhauses wissen.

„Sie sind gut, lieber Mann. So gut wie jeder, der bei uns Kunde ist, bekommt von uns nach beendeter Dienstleistung eine Visitenkarte überreicht.

Haben Sie denn ein Bild des Mannes und wie heißt er denn überhaupt?", fragte die Dame – unschuldig mit den langen Wimpern klappernd – zurück.

„Also die Sache ist die: Der Mann, um den es hier geht, kann unfallbedingt momentan keine Angaben zu seiner Identität machen. Aber er hatte eine Visitenkarte Ihres Hauses bei sich, sonst aber keinerlei Papiere. Ein Foto haben wir leider auch nicht", versuchte der Beamte zu erklären.

„Aber Sie haben doch sicher ein Diensthandy, nicht wahr? Damit hätten Sie ihn doch zumindest einmal fotografieren können. So wie die Dinge jetzt stehen, werde ich Ihnen wohl kaum weiterhelfen können. Versuchen Sie es doch einmal bei unserem Freund, dem Herrn Pastor. Der kennt hier so gut wie jedes seiner Schäfchen. Auch die Gemeindeschwester Silvia Fuchs scheint hier jeden beim Namen zu kennen und weiß mit Sicherheit, welches dieser Schäfchen sich schon in unseren hinein Stall verirrt hat", meinte die Dame des Hauses mit einem verschmitzten Lächeln.

Ausgiebig klimperte sie dabei mit den langen Wimpern.

Nun hieß es: Auf zur Gemeindeschwester Silvia Fuchs, die gleich neben dem katholischen Pfarrhaus wohnte. Nach dreimaligem Klingeln öffnete die Gemeindeschwester auch sogleich und bat die beiden Polizeibeamten in ihr bescheidenes Heim.

Sie wurden ins Wohnzimmer beordert und nahmen auf dem großen, geblümten Sofa Platz.

„Frau Fuchs, der Grund unseres Besuches ist folgender: Man sagte uns, dass Sie aufgrund Ihrer besonderen Stellung in der Gemeinde so ziemlich jeden kennen, der hier im Ort wohnt, ist das richtig?", begann der junge Polizist.

Gemeindeschwester Silvia Fuchs fühlte sich sichtlich geschmeichelt, was scheinbar ihre Zunge löste: „Aber ja doch, das will ich meinen. Seit rund 25 Jahren bin ich hier als Gemeindeschwester tätig und kenne wirklich jeden, der sich im Laufe dieser Jahre in Klein-Obersbach niedergelassen hat. Ich weiß, wer demnächst ein Kind erwartet, wer wann her- oder weggezogen ist und wer woran gestorben ist. Wie kann ich Ihnen damit denn helfen?", fragte sie interessiert.

„Im Kreiskrankenhaus der Stadt befindet sich momentan ein Mann, der keine Angaben darüber machen kann, wer er ist oder woher er kommt. Doch ein Indiz weist stark darauf hin, dass er einen Bezug zur hiesigen Ortschaft haben könnte. Ist Ihnen in den letzten Tagen aufgefallen, dass ein männliches Gemeindemitglied fehlt? Oder anders ausgedrückt: Ist Ihnen in letzter Zeit ein Gemeindemitglied sozusagen abhandengekommen?"

„Ein Mann, sagen Sie? Nein, nicht dass ich wüsste", entgegnete Frau Fuchs. „Wissen Sie, so etwas kommt bei uns im Allgemeinen nicht vor. Unser wunderbarer Pastor Roth sorgt mit seiner warmen, fürsorglichen Art dafür, dass sich hier jeder wohlfühlt. Stets denkt er an andere, nie kommt auch nur ein böses Wort über seine Lippen, auch wenn es ihm hier einige Zeitgenossen im Ort nicht immer leicht machen. Er, der selbst ja außerordentlich streng an seinem Zölibat festhält, hat schon so viele junge Menschen miteinander vermählt, dass es kaum jemanden geben dürfte, der nicht mit Wohlwollen an ihn denkt. Außerdem hat er mit meiner Hilfe hier einen Verein für christliche junge Mädchen ins Leben gerufen, um die Jugend davor zu bewahren vor der Ehe in ungebührliche Sünden zu verfallen. Auch eine christliche Männergruppe, den Kirchenchor und andere Vereinigungen dieser Art gedeihen unter seiner liebevollen Art. Freiwillig wird also niemand unsere reizende kleine Gemeinde verlassen."

„Es geht auch weniger um ein freiwilliges Verlassen der Gemeinde als um einen Unfall", ließ nun die nette Polizistin verlauten.

Die Freundlichkeit der Gemeindeschwester schien sich jedoch eher auf die Herren der Schöpfung zu beziehen und sich weniger auf das weibliche Geschlecht auszudehnen. Denn sie würdigte die Beamtin keines Blickes. Sie hatte nur Augen für den attraktiven Polizisten, der sie nun ebenfalls fragend anschaute. „Nun, ich bin sicher, dass niemand von den Gemeindemitgliedern vermisst wird. Davon wüsste ich!"

„Gut, Frau Fuchs, dann wollen wir Sie mal nicht länger stören und uns wieder auf den Weg machen", begann der Polizist und erhob sich zeitgleich mit seiner Kollegin.

„Aber Sie stören doch nicht. Oh, Sie haben nicht zufällig ein Bild des Unfallopfers bei sich? Vielleicht ist es jemand aus der Nachbargemeinde und da kenne ich auch die meisten Menschen, wenigstens vom Sehen. Wissen Sie, bei uns ist fast jeder irgendwie mit jedem averwandt", meinte sie und schaute ihn dabei mit unschuldigem Blick an.

„Leider nein, gnädige Frau, ein Bild des Unfallopfers steht uns momentan nicht zur Verfügung, wir melden uns aber bei Ihnen, sobald wir eines haben."

„Ach, Frau Fuchs, da fällt mir noch etwas Anderes ein.

Könnten Sie für uns vielleicht ein Treffen mit Pastor Roth arrangieren? Wir würden auch ihn gern noch persönlich zu der Sache befragen", bat die Polizistin.

„Da müssen Sie sich schon noch ein wenig gedulden. Unser Pastor befindet sich nämlich auf einer Dienstreise in einer befreundeten Gemeinde und kommt erst in einer Woche wieder. Im Vertrauen:

Er sucht dort ein wenig politischen Beistand für eine unchristliche Stätte, die sich in unserem Ort breitgemacht hat und dort ihr schändliches Unwesen treibt", meinte sie sichtlich erregt.

„Sie meinen das Freudenhaus Rosalinde?", wollte der Polizeibeamte von ihr wissen.

„Ich weiß nicht, wie sich diese Stätte der Wollust nennt, aber es wird wohl so sein, wie Sie sagen. Unser Herr Pastor kämpft seit Wochen einen christlichen Kampf gegen diese Damen, die sich nicht nur selbst der Fleischeslust ergeben, sondern auch noch unsere jungen Männer und älteren Herren zum Ärgsten verführen – gegen Bezahlung natürlich: Das stelle man sich nur mal vor!

Doch nicht mit unserem lieben Herrn Pastor, sagen ich Ihnen! Nicht mit Pastor Roth, der seine Gemeinde von solchen Unbilden sauber halten möchte und sich stets um Schicklichkeit und Frömmigkeit bemüht. Ich hoffe inständig, dass er für seinen Kampf gegen dieses Establishment Unterstützung bekommt und diese Damen wieder abziehen müssen."

„Gut Frau Fuchs, dann melden wir uns in einer Woche wieder, wenn der Herr Pastor Roth wieder in Klein-Obersbach ist. Hier haben Sie unsere Karte, falls Ihnen noch etwas Wichtiges einfallen sollte. Dann melden Sie sich bitte umgehend bei uns. Nächste Woche werden wir Ihnen vielleicht ein Bild des unbekannten Herren zeigen können. Auf Wiedersehen Frau Fuchs", verabschiedete sich der nette Polizist von der hilfsbereiten Frau Fuchs.

„Auf Wiedersehen, es war mir ein Vergnügen", meinte auch Frau Fuchs und schloss die Tür hinter den beiden.

Der Unbekannte schlief in dieser Nacht besonders schlecht und träumte von einem wilden Tier, welches ihm hinterherjagte und ihn beißen wollte. Selbst als er sich in die nahegelegene Kirche retten wollte, kam ihm das Tier hinterher. Dieser Alptraum wollte kein Ende nehmen und als er – der Mann ohne Gedächtnis – am nächsten Morgen schweißgebadet aufwachte, hatte er eine Ahnung von dem, wer oder was er eigentlich wirklich war. Doch diese Ungeheuerlichkeit konnte er in seiner jetzigen Verfassung weder akzeptieren noch jemandem anvertrauen und so behielt er sein kleines Geheimnis erst einmal für sich. Aber fortan gab er weder unflätige Bemerkungen von sich noch bereicherte er sich an seinen Mitpatienten. Im Gegenteil: Den Damenslip und das Geld, welches er noch übrighatte, versuchte er, wieder unbemerkt in das Zimmer mit der Nummer 12 auf der Onkologie zurückzuschmuggeln.

Doch just bei diesem Versuch der Wiedergutmachung erwischte ihn die Krankenschwester der Station, als sie unvermittelt in das leere Zimmer kam.

„Was machen Sie denn hier?", fragte sie erstaunt.

„Ich wollte etwas zurückgeben, was die Patientin aus diesem Zimmer vorhin draußen verloren hatte", versuchte er es mit einer kleinen Notlüge.

„Da müssen Sie sich aber irren. Dieses Zimmer ist seit mehreren Wochen nicht belegt, mein Herr", meinte die Schwester freundlich. „Aber, aber, das kann doch gar nicht sein, ich meine…", stammelte der sich selbst nicht mehr ganz Unbekannte und setzte sich erst einmal auf das Bett. Erst jetzt bemerkte er, dass das ganze Bett mit einer Plastikplane bedeckt war. Er fasste sich an den Kopf und wäre fast vornübergefallen, hätte die aufmerksame Schwester ihn nicht gerade noch festgehalten und einen Pfleger gerufen. Man brachte ihn wieder auf seine Station und er legte sich in sein Bett, um in Ruhe zu überlegen, was zu tun sei.

Erst einmal wollte er das Geld und den Damenslip wieder loswerden und griff in die Taschen seiner Pyjamahose. Doch so sehr er auch suchte: Er konnte weder den Damenslip noch das Geld finden. Sichtlich aufgelöst lief er auf den Flur und rief laut nach Oberschwester Gisela. Doch diese schien nicht da zu sein, denn eine junge, ihm unbekannte Schwester kam ihm entgegen, nahm ihn vorsichtig am Arm und führte ihn wieder in sein Zimmer zurück.

„Wo ist Schwester Gisela?", fragte er unter Keuchen.

„Es tut mir leid, mein Herr, aber eine Schwester Gisela gibt es bei uns nicht."

„Aber natürlich gibt es die hier. Oberschwester Gisela hat mich doch die letzten 2 Tage betreut", meinte er nun sichtlich verzweifelt.

„Wenn ich es Ihnen doch sage, mein Herr. Ich bin hier die Oberschwester und mein Name ist Heike. Außerdem lagen Sie ja bis vor kurzem noch im Koma und haben 5 Tage lang nicht mitbekommen, was um Sie herum geschah."

„Das kann nicht sein! Ich habe mich doch auch mit den Polizisten unterhalten, die herausbekommen wollten, wer ich bin.", entgegnete er ihr.

„Wissen Sie, wenn Menschen im Koma liegen, können sie manchmal etwas hören, was sie dann aber nicht immer einordnen können. Wahrscheinlich haben Sie, während Sie im Koma lagen, etwas von dem, was um sie herum geschah, gehört und dann davon geträumt oder so. Die Polizei war tatsächlich bei Ihnen, da wir nicht wussten, wer Sie sind. Sie hatten keine Papiere bei sich und waren ja nicht ansprechbar, verstehen Sie?", fragte Schwester Heike ihren Patienten.

„Ich verstehe", meinte nun der Unbekannte, der jetzt eigentlich rein gar nichts mehr verstand.

„Hat mich vielleicht eine ältere Dame hier mit ihrem Gehstock geschlagen, Schwester Heike? Wissen Sie etwas davon?", fragte er.

„Aber nein, Sie sind hier völlig sicher vor alten Damen und ihren Gehstöcken. Wie kommen Sie denn auf so eine verrückte Idee?!", lachte die freundliche Oberschwester.

„Und ich habe mich nicht irgendwie unhöflich benommen, anzügliche Bemerkungen über Ihre eh… Schönheit gemacht oder dergleichen?", wollte er nun von ihr wissen.

„Sie haben doch die ganze Zeit im Koma gelegen. Nein, nein, machen Sie sich keine Sorgen. Alles ist in Ordnung. Können Sie sich denn nun an den Unfall erinnern? Und können Sie uns sagen, wen wir benachrichtigen sollen? Ihre Angehörigen machen sich doch bestimmt schon Gedanken über Ihren Verbleib. Immerhin sind Sie bereits einige Tage hier. Nur komisch, dass es keine Vermisstenanzeige bei der Polizei gibt, die auf Sie zutrifft."

Er konnte sich denken, weshalb ihn noch niemand vermisste. Immerhin dachte man ja, er befände sich auf seiner Dienstreise und sei für einige Tage in der Nachbargemeinde unterwegs. Aber auch in besagter Nachbargemeinde vermisste man ihn nicht, da er kurz zuvor angerufen und abgesagt hatte, um den Kampf vor Ort aufzunehmen. Er erinnerte sich nur zu gut an den Tag, an dem er seine Reise hätte antreten sollen. Es war nur wenige Tage nach dem Eröffnungstag der „Rosalinde".

Nachdem er eine Weile erfolglos versucht hatte, den Besucherstrom zu dem Freudenhaus zum Umkehren zu bewegen, hatte ihn ein Fremder angesprochen. Dieser hatte einen Verband rund um den Kopf getragen und auch sonst etwas mitgenommen ausgesehen. Das letzte, woran er sich noch erinnern konnte, war, dass dieser Fremde ihn bat, die

Menschen doch in Ruhe zu lassen. Jeder habe seine Schwächen, dies sei ausgesprochen menschlich. Und es sei doch besser, seine Fleischeslust auf diese Art zu befriedigen, als sie tagein-tagaus zu unterdrücken, bis sie eines Tages womöglich unkontrolliert ausbrechen müsste, um sich bemerkbar zu machen.

Er hatte ihm entgegnet, dass der Mensch sehr wohl imstande sei, seine Wollust zu kontrollieren – er selbst sei ja das beste Beispiel dafür.

Woraufhin der Fremde nur gelacht hatte und plötzlich verschwunden war. An den vermeintlichen Unfall konnte Pastor Roth sich jedoch überhaupt nicht erinnern.

Doch sollte seine Kopfverletzung so arg sein, dass er sich die Sache mit dem Damenslip und der Geldbörse wirklich nur erträumt oder eingebildet hatte?

Dann konnte er sich seiner (fast) weißen Weste ja sicher sein und seine wahre Identität getrost preisgeben.

„Ich bin Pastor Eugen Roth aus Klein-Obersbach. Vielleicht könnten Sie die Gemeindeschwester Silvia Fuchs anrufen und sie bitten, mir einige unerlässliche Utensilien für meinen Krankenhausaufenthalt mitzubringen? Was meinen Sie, wie lange ich denn noch im Krankenhaus bleiben muss?"

„Das kann Ihnen nur der Oberarzt sagen. Er kommt morgen früh wieder zu Ihnen. Bei der Visite können Sie ihn dann fragen", antwortete Schwester Heike und ließ sich die Telefonnummer der Gemeindeschwester geben. Wenige Stunden später kam Gemeindeschwester Sylvia Fuchs ins Krankenhaus, um dem Herrn Pastor frische Kleidung und Waschzeug für seinen Krankenhausaufenthalt zu überreichen. Als sie ihm berichtete,, was sich während seiner Abwesenheit in Klein-Obersbach zugetragen hatte, war er doch sehr überrascht. Denn sie wusste Neuigkeiten zu berichten, mit denen er wahrlich nicht gerechnet hätte .

Die neueste Nachricht aus Klein-Obersbach war, dass das kleine Bordell Rosalinde unerklärlicherweise und völlig unvermittelt seine Pforten geschlossen hatte.

Die Damen des horizontalen Gewerbes hätten ihre Zelte nun in einer anderen Ortschaft aufgeschlagen, berichtete Frau Fuchs erfreut. Morgen sei in dieser angrenzenden Nachbargemeinde die Eröffnung und auch dort würde ein ansässiger Pastor bereits versuchen, die Damen an ihrem Vorhaben zu hindern.

Beinahe hätte Pastor Roth der Gemeindeschwester sein Erlebnis gebeichtet. Denn dieses hatte ihn doch sehr zum Nachdenken und mehr Toleranz den Schwächen anderer Menschen gegenüber bewogen. So langsam begriff er die Zusammenhänge und dankte Gott für sein Eingreifen.

Doch anstatt Frau Fuchs von seiner Metanoia zu erzählen, fragte er nach dem Ort und dem Namen des Pastors, der nun an seiner Stelle der Rosalinde ein Ende bereiten wollte.

„Das ist ein Pastor Künkel aus der kleinen Ortschaft Romsborn. Aber warum wollen Sie das denn wissen, Herr Pastor? Wollen Sie den Herrn Pastor dort in seinem Kampf gegen dieses Freudenhaus unterstützen?", fragte Gemeindeschwester Fuchs:

„Mitnichten, Frau Fuchs, mitnichten!", war die Antwort, mit der Frau Fuchs gewiss nicht gerechnet hatte.

Am nächsten Tag nach der Visite entließ sich der Patient selbst und machte sich auf den Weg zu Pastor Künkel nach Romsborn.

Da stand er nun mit seinem Kopfverband vor dem wütenden Herrn Pastor – wie einst der Fremde vor ihm. Und so wie er damals, war Pastor Künkel nicht bereit, auch nur einen Deut von seiner festgefahrenen Meinung abzuweichen. Mit Inbrunst verteidigte er seine Meinung, nach der der Mensch seine Triebe unterdrücken müsse, damit sie ihn nicht eines

Tages überwältigen würden. So sehr sich Pastor Roth auch bemühte, den guten Mann davon zu überzeugen, dass in jedem weißen Schaf ein schwarzer Fleck und Teil des Ganzen sei: Pastor Künkel wollte nicht aufgeben und weiterhin seine Gemeindemitglieder daran hindern, in das Freudenhaus zu gehen. Pastor Roth fuhr also unverrichteter Dinge wieder nach Hause und es verwunderte ihn nicht im Geringsten, als er am nächsten Tag von Gemeindeschwester Silvia erfuhr, dass nun Pastor Künkel – welch ein seltsamer Zufall – ebenfalls Opfer eines mysteriösen Unfalls geworden war, bei dem er sich eine Kopfverletzung zugezogen hatte. Nun lag dieser im gleichen Krankenhaus wie Pastor Roth zuvor und befand sich seinerseits im Koma.

„Ja, die Wege des Herrn", dachte er und schmunzelte vor sich hin.

MACUMBARA

Melinda war ein dreizehnjähriges Mädchen, das gerade mit seiner alleinerziehenden Mutter in die Kleinstadt Tringau gezogen war. Eigentlich war sie ein nettes Mädchen, das heimlich immer noch gern ab und zu mit Puppen gespielt hätte, sich für Dinge interessierte, für die sich Mädchen im Allgemeinen so interessierten und – wie so viele Mädchen in ihrem Alter – später einmal Stewardess werden wollte.

Und doch war Melinda anders als andere Mädchen ihres Alters. Denn Melinda hatte seit einem Autounfall, bei welchem ihr Vater ums Leben gekommen war, schrecklich schiefe Zähne, die erst nach und nach gerichtet werden konnten. Außerdem erinnerten ebenfalls einige hässliche Narben auf Wangen und Stirn an den Unfall, der erst wenige Wochen zurücklag.

Melinda und ihre Mutter waren nach Tringau gezogen, um neu anfangen zu können und die schmerzlichen Erinnerungen ein wenig hinter sich zu lassen.

Doch mit jedem Blick in den Spiegel wurde Melinda wieder an den Unfall und den schrecklichen Verlust erinnert.

Nicht genug damit: Auch ihre neuen Klassenkameradinnen zogen sie auf, wo sie nur konnten. Da war zum Beispiel die große Emily, die von allen nur „Big Lady" genannt wurde.

Ihr Vater war Boxer und auch Emily hatte ein wenig von einer durchtrainierten Boxerin, wenn sie so da vor der armen Melinda stand, die Hände in die breiten Hüften stemmte und boshaft lächelnd auf das Mädchen herabstarrte.

Melinda hatte mittlerweile richtige Angst vor diesem Mädchen und seinen Freundinnen, die allesamt nicht an Beleidigungen für das kleine Mädchen sparten.

„Hallo Narbengesicht, heute schon mal richtig geheult?"

Sie stichelte weiter: „Kannst du gerne nachholen, wenn du magst. Ich helfe dir dabei."

Dann nahm sie die wesentlich kleinere Melinda jedes Mal in den Schwitzkasten, so dass dieser der widerliche, säuerlich riechende Achselschweiß des Mädchens in die Nase stieg.

Nicht nur „Big Lady" machte dem Mädchen jeden Tag zu schaffen. Auch deren Freundin Naomi sparte nicht an Gehässigkeiten. Jedes Mal, wenn Melinda dem Mädchen über den Weg lief, rief Naomi mit lauter Stimme: „Spieglein, Spieglein an der Wand, Narbengesicht ist wieder im Land!"

Dann stellte sie ihr nach, nahm ihr die Tasche mit ihren Schulsachen ab und verstreute diese auf dem Schulhof, dem Gehweg oder wo auch immer sie sich gerade befanden.

Die kleinere Melinda hatte keine Chance. Von Natur aus friedlich und eher unterwürfig, wehrte sie sich nicht und weihte auch ihre Mutter nicht in ihre Sorgen ein.

Der netten Klassenlehrerin Frau Knöpfel sagte sie ebenfalls nichts von den Drangsalen, die sie tagein – tagaus erleiden musste. Doch alles wäre nicht halb so schlimm gewesen, hätte da nicht noch das dritte Mädchen im Bunde jeden Tag in der Nähe ihrer Haustür auf sie gewartet, wenn Melinda morgens in die Schule wollte.

Die schreckliche Judy kam jeden Morgen um irgendeine Ecke geschossen und warf Melinda einfach auf den Boden. Dann ging sie, als wäre nichts gewesen, weiter Richtung Schule, während Melinda sich die schmerzenden Knochen rieb und sich erst getraute aufzustehen, wenn Judy außer Sichtweite war. So kam es, dass Melinda beinahe jeden Morgen zu spät in die Schule kam und deshalb immer wieder einen Eintrag ins Klassenbuch erhielt.

Eines Tages kamen alle drei auf einmal auf sie zugerannt, gerade als Melinda im Bioladen frische Tomaten für ihre Mutter holen wollte.

„Hey Narbengesicht, wo willst du denn hin, he?", fragte „Big Lady" wie üblich.

„Ich hole für meine Mutter Tomaten im Bioladen, bitte lasst mich einfach durch, ja?", bat Melinda, die Angst hatte, dass die drei ihr das Geld für die Tomaten abnehmen könnten.

Und richtig: Da ließ Naomi schon verlauten, so ein hässliches Narbengesicht bräuchte keine Tomaten. Sie solle das Geld besser herausrücken, wenn sie nicht noch einige Narben dazugewinnen wolle.

Doch Melinda wusste, dass ihre Mutter und sie seit dem Tod des Vaters mit wenig Geld auskommen mussten und diese Tomaten für eine Tomatensauce gedacht waren, die die Mutter am Abend einkochen wollte.

„Bitte lasst mich in Ruhe, ich habe euch doch nichts getan", bat sie darum.

„Tomaten!", lachte da die schreckliche Judy.

„Was anderes kann sich deine Mutter wohl nicht leisten, wie? Du solltest lieber einmal ein ordentliches Schweineschnitzel essen, damit dich der Wind nicht jedes Mal umbläst, wenn er rauscht."

Bei den letzten Worten stieß sie Melinda zu Boden und griff nach deren Handtasche mit dem Portemonnaie.

„Nein, bitte nicht, wir brauchen jeden Penny!", bat Melinda noch einmal verzweifelt. Doch die bösartige Judy lachte nur. Nun kam „Big Lady" und entnahm dem Geldbeutel den einzigen Schein und steckte ihn sich ein. Dann warf sie Tasche und Geldbeutel in hohem Bogen über eine Mauer.

„Deine Mutter ist wohl zu faul zum Arbeiten, wie? Oder warum könnt ihr euch nur ein paar blöde Tomaten leisten?!"

„Wir sind Vegetarier, wegen der Tiere…", versuchte Melinda zu erklären.

„Wegen der Tiere? Was für Tiere denn? Doch nicht etwa wegen der stumpfsinnigen Schweine, aus denen die Schnitzel gemacht werden? Ihr seid ja noch blöder als ich gedacht habe! Vegetarier! Wenn ich das schon höre! Kein Wunder, dass du so hässlich bist. Du siehst ja selbst schon fast wie ein Schwein aus, findet ihr nicht?"

„Hey Leute", wandte sich Emily an ihre zwei Freundinnen, die immer noch grinsend danebenstanden.

„Findet ihr nicht auch, dass unsere kleine Melinda wie ein Ferkel aussieht? So ein richtiges Dreckschwein ist sie. Seht mal, wie schmutzig ihre Hose ist! Dreckschwein, Dreckschein, Melinda ist ein Dreckschwein!"

Die anderen fielen pflichtbewusst in das Lachen mit ein und dann verschwanden die drei – immer noch lauthals lachend – um die nächste Ecke.

Melinda stand auf und versuchte, sich den Schmutz von der Hose zu klopfen.

Da kam eine junge Frau auf sie zu und fragte, ob alles in Ordnung sei.

„Hey Mädchen, haben die drei da eben dich geärgert? Ich habe sie gerade noch um die Ecke verschwinden sehen. Sie schienen sich auf deine Kosten amüsiert zu haben. Ist alles in Ordnung mit dir?"

Melinda, die bereits mit den Tränen kämpfte, nickte und versuchte, sich nichts anmerken zu lassen.

Doch als sie bemerkte, dass ihre neue Hose nun auch noch ein riesengroßes Loch hatte, konnte sie die Tränen der Wut und der Scham nicht länger zurückhalten.

„Nein, nichts ist in Ordnung, aber auch gar nichts!", brach es nur so aus ihr heraus.

„Dauernd wollen mich die anderen aus meiner Klasse fertigmachen. Aber diese drei sind die schlimmsten. Jeden Tag lauern die mir auf und nehmen mir meine Sachen weg, beleidigen oder schlagen mich", weinte Melinda, die froh war, endlich einmal mit jemandem darüber reden zu können.

„Oh, das sind aber bösartige junge Mädchen", meinte nun die nette Frau mitfühlend.

„Nun, da kannst du gewiss ein wenig Schutz von Macumbara gebrauchen", sagte sie und hielt dabei eine Art Amulett hoch, das sie an einer langen Kette um den Hals trug.

„Macumbara?", fragte nun Melinda und schickte sich an, unverrichteter Dinge wieder nach Hause zu gehen.

„Ja, Macumbara. Der Schutzgeist der Gemobbten und Menschen, die sich immer wieder allein gegen viele behaupten müssen. Hast du noch nie von ihm gehört?", fragte die junge Frau verwundert.

„Nein, wie kann ein Geist mir denn helfen, mir kann niemand helfen", entgegnete Melinda nun und kämpfte schon wieder mit den Tränen.

„Wie heißt du eigentlich?", wollte die Frau nun von ihr wissen.

„Mein Name ist Melinda", sagte Melinda und versuchte dabei, ihre Tränen zu unterdrücken.

„Ah, Melinda. Stimmt, ihr seid doch unsere neuen Nachbarn, deine Mutter und du. Mein Mann und ich wohnen direkt neben euch – Wand an Wand sozusagen", sagte die Frau nun, während sie die Kette mit dem Amulett auszog.

Erst jetzt sah Melinda, dass das Amulett eine Art Figur mit übergroßem Gesicht darstellte, aus dem zwei riesige Augen herausschauten und Melinda, so schien es ihr, direkt ins Herz blickten.

„Melinda, ich möchte dir diese Kette schenken. Solltest du sie eines Tages nicht mehr benötigen, kannst du sie ebenfalls jemandem geben, der sie nötiger hat als du.

Dieses Amulett stellt Macumbara dar. Wenn du ihm vor dem Schlafengehen alles erzählst, was dich bedrückt, wird er dir angenehme Träume bescheren. Du wirst sehen, am nächsten Tag sieht dann die Welt ganz anders aus und so manches Problem löst sich scheinbar von ganz allein in Luft auf", versprach die Frau zuversichtlich.

Weißt du was? Wenn du wieder einmal Kummer hast, kannst du gern einfach jederzeit bei uns klingeln. Wir Nachbarn müssen doch einfach zusammenhalten, oder was meinst du?", fragte sie mit einem Augenzwinkern.

Mit diesen Worten überreichte die Frau Melinda die Kette und half ihr, diese anzuziehen.

„Danke, aber ich glaube nicht an solche Dinge, verstehen Sie?", meinte Melinda, der es außerdem unangenehm war, solch ein Geschenk von einer fremden Person anzunehmen.

„Das macht gar nichts. Er hilft auch, wenn du nicht an seine Zauberkräfte glaubst. Halte ihn vor dem Schlafengehen nur in deiner Hand, erzähle ihm, wer dich verletzt hat und lege dich dann beruhigt schlafen", versicherte die junge Frau.

„Vielen Dank. Wie heißen Sie eigentlich?", wollte nun Melinda von ihrer Retterin wissen, doch als sie aufschaute, war diese urplötzlich wie vom Erdboden verschwunden. Noch einmal blickte Melinda in das seltsame Gesicht von Macumbara, dann machte sie sich endgültig auf den Weg nach Hause.

Die Mutter war zwar nicht sonderlich erfreut, aber sie sah ein, dass Melinda für das Dilemma nichts konnte und überlegte gar, zur Polizei zu gehen. Doch Melinda bat sie, dies zu unterlassen, denn womöglich würde so alles nur noch schlimmer werden.

Als Melinda am Abend im Bett lag, musste sie an den schrecklichen Vorfall denken und weinte eine Weile vor sich hin. Sie war so wütend! Aber gleichzeitig fühlte sie sich hilflos und allein. Da fiel ihr die seltsame Frau wieder ein, die ihr das Amulett mitgegeben hatte.

Melinda zog die Kette aus und besah sich das Amulett. Es war tatsächlich eine Figur mit einem angsteinflößenden

Gesicht und zwei riesengroßen Augen, die sie nun scheinbar mitfühlend anblickten. Da konnte Melinda nicht anders: Sie streichelte das Amulett und erzählte Macumbara ihren ganzen Kummer. Besonders die Gemeinheiten von dieser schrecklichen Emily, die sich darüber lustig gemacht hatte, dass sie und ihre Mutter kein Fleisch aßen, musste sie unbedingt loswerden. Und so schlief sie, zwar noch verweint, aber dennoch irgendwie erleichtert, irgendwann gegen Mitternacht ein.

Am nächsten Morgen ging sie wieder in die Schule, doch seltsamerweise fühlte sie sich wesentlich besser als noch am Abend zuvor – fast so, als sei ihr eine Last von den Schultern genommen. Als sie erfuhr, dass Emily scheinbar erkrankt sei und für eine Weile nicht in die Schule kommen würde, hatte sie erst recht das Gefühl, dass sich nun doch noch alles zum Guten wenden würde.

Umso verwunderter war sie, als nachmittags, nachdem sie gerade erst von der Schule nach Hause gekommen war, plötzlich das Telefon klingelte und ausgerechnet Emily am anderen Ende der Leitung war und mit ihr sprechen wollte.

„Melinda? Bist du es? Hier spricht Emily, du weißt schon…"

„Ja?", fragte Melinda, die sich nicht erklären konnte, was Emily jetzt noch von ihr wollte. Wollten die Mädchen am Ende ihre Drohungen und Beleidigungen am Telefon fortführen?

„Ich wollte mich für mein Benehmen gestern und die letzte Zeit entschuldigen. Wenn es mir besser geht und ich wieder in die Schule komme, gebe ich dir auch dein Geld zurück, in Ordnung?", fragte eine kleinlaute Emily, die Melinda so kaum wiedererkannte.

„Ja, Emily. Ich nehme deine Entschuldigung an. Aber kannst du mir erklären, warum du plötzlich so anders bist und dich sogar bei mir entschuldigst?", wollte Melinda wissen. Da fing Emily hemmungslos zu weinen an.

„Aber das musst *du* doch wissen! *Du* hast doch dieses Monster heute Nacht zu mir geschickt. Dieses, dieses Monster, das mich bis in meine Träume verfolgt und im Schlaf sogar in die Hand gebissen hat. Ich höre das Grunzen immer noch. Darum komme ich für eine Weile nicht in die Schule. Ich kann nicht, verstehst du? Warum hast du das getan?"

„Erst entschuldigst du dich bei mir und jetzt soll ich irgendetwas verbrochen haben? Ich habe niemanden zu dir geschickt. Dein schlechtes Gewissen wird dir diesen Traum beschert haben, Emily. Hauptsache, es ist jetzt alles wieder gut, ja?", wollte Melinda das schluchzende Mädchen beruhigen.

„Wieder alles gut, Melinda? Ich habe das nicht nur geträumt! Ich rufe vom Krankenhaus aus an. Denn als ich vor Schreck aus dem Alptraum erwacht bin, weil mir das Monster in die Hand gebissen hatte, habe ich gesehen, dass der Ringfinger meiner rechten Hand ab war. Einfach *ab*! Er lag neben mir auf meinem Kopfkissen. Das Monster hatte ihn abgebissen! Meine Mutter ist sofort mit mir ins Krankenhaus gefahren und sie haben mir den Finger wieder drangenäht", erzählte Emily, die immer noch ganz außer sich war.

„Oh, aber Emily, das war doch nicht *ich*. Was habe *ich* denn damit zu tun?", fragte Melinda fassungslos.

„Das Monster sah wie ein riesengroßes Schwein aus und sagte, es solle schöne Grüße von dir ausrichten", berichtete die noch immer weinende Emily.

„Emily, es gibt keine Monster. Vielleicht hast du dir während des Traumes den Finger selbst abgebissen", versuchte Melinda eine Erklärung für das Unfassbare zu finden.

„Das haben meine Eltern und die Ärzte hier auch gesagt. Aber ich weiß, was ich weiß, Melinda. Darum bitte ich dich, meine Entschuldigung anzunehmen und mich danach in Ruhe zu lassen, ja?", bat das verzweifelt Mädchen. „Nimmst du meine Entschuldigung an, Melindas?"

„Ja, natürlich nehme ich deine Entschuldigung an, das habe ich dir doch schon gesagt", meinte Melinda erstaunt.

„Dann gute Besserung für deinen Finger."

„Danke, bis dann", sagte Emily tonlos und legte auf. Melinda konnte nicht fassen, was sie da gerade gehört hatte. Ein Monster, das Emily den Finger abgebissen hatte?! So etwas gab es doch nur in Büchern oder Filmen, aber doch nicht in echt! Ein Monster in Schweinegestalt, das war schon komisch. Denn Emily hatte sich doch über sie und ihren Vegetarismus lustig gemacht und dabei immer wieder das Wort „Schwein" in den Mund genommen. Ob sie deshalb diesen schlimmen Traum gehabt hatte? Doch das mit dem Finger war schon seltsam…

Zwar wusste Melinda, dass es Leute gab, die schlafwandelten, aber dass sich jemand gleich den Finger abbiss – davon hatte sie bislang noch nichts gehört.

Melinda beschloss, nicht weiter darüber nachzudenken. Sie konnte ohnehin nichts an der Situation ändern und außerdem hatte Emily ja ihren Finger wieder und alles war gut.

Doch so richtig beruhigt war sie nicht. Im Gegenteil: Unentwegt musste sie daran denken, was das Monster im Traum zu Emily gesagt haben sollte: Schöne Grüße von Melinda…

Am nächsten Morgen, als Melinda vor Unterrichtsbeginn noch auf dem Schulhof auf das Läuten der Schulglocke wartete, kamen Judy und Naomi auf sie zu.

„Hey hässliches Narbengesicht, du denkst wohl, nur weil Emily nicht da ist, könntest du dich überall ungestraft frei bewegen, was? Irrtum, meine Liebe. Mit deiner dicken Elefantenhaut macht es dir doch bestimmt nichts aus, wenn wir dich etwas begießen, oder? Vielleicht wächst du dann ja noch ein wenig, du dickes Elefantenbaby, haha", lachte Naomi, holte eine Flasche Cola heraus und leerte sie mit einem Schwung von oben auf Melindas Kopf aus.

Melinda stand buchstäblich wie begossen da und wehrte sich nicht. Endlich läutete die Schulglocke und Melinda nahm ihre

Tasche und ging einfach in das Schulgebäude hinein. Die klebrige Cola tropfte ihr von den Haaren, doch sie schien es nicht einmal zu bemerken.

„Elefantenbaby hat sich nass gemacht, Elefantenbaby", rief ihr Naomi hinterher und Judy lachte dazu. Für den Rest des Tages ließen die beiden sie in Ruhe. Doch Melinda, die zwar so tat, als würde ihr das Ganze nichts ausmachen, war zutiefst verletzt. Ihrer Mutter wollte sie nichts erzählen, die würde sich sonst nur wieder unnötig Sorgen machen und sogar die Polizei anrufen wollen.

Das aber wollte Melinda auf keinen Fall!

Also weinte sie erst, als sie am Abend im Bett lag und den Tag mit seinen Geschehnissen Revue passieren ließ.

Sie nahm Macumbara in die Hand und erzählte ihm, was auf ihrer Seele lastete.

Wieder fühlte sie sich wie von einer schweren Last befreit, als sie endlich kurz nach Mitternacht einschlief.

Als sie am nächsten Morgen auf dem Schulhof stand und darauf wartete, dass es zum Unterrichtsbeginn läutete, fiel ihr auf, dass auch Judy allein dastand und wohl vergeblich auf ihre beste Freundin Naomi zu warten schien.

Sie machte sich zuerst einige Gedanken über den Verbleib des Mädchens. Doch im Grunde konnte es ihr nur recht sein.

Immerhin war dies ein Mädchen weniger, das sie ärgern und mobben konnte.

In der ersten großen Pause kam Judy dann auf sie zu. Seltsamerweise ging sie eher langsam und bedächtig und gar nicht so forsch wie sonst. Um ihre langen Beine und ihre übergroße Oberweite wurde sie von vielen Mädchen oft beneidet. Jetzt schien sie zu überlegen, wie sie einen Fuß vor den anderen setzen konnte.

„Hi Melinda, kann ich kurz mit dir reden?", fragte sie fast schüchtern, während sie langsam immer näherkam.

Als Emily bei Melinda angekommen war, konnte sie dieser kaum in die Augen schauen, so nervös war sie.

Was konnte das nur bedeuten? Melinda konnte sich diesen Sinneswandel des Mädchens nicht erklären und war immer noch auf der Hut. Womöglich war das nur ein Trick und Judy und Naomi fielen gleich über sie her?!

Doch als nichts dergleichen geschah und Judy immer noch abwechselnd Melinda anschaute und auf den Boden starrte, hatte Melinda eine vage Ahnung von dem, was geschehen war. Es musste etwas mit Naomis Fernbleiben zu tun haben. Das spürte sie genau.

„Was ist, Judy? Kann ich dir helfen?", fragte sie vorsichtig.

„Naomi hat mich vorhin auf dem Handy angerufen", meinte Judy.

Normalerweise war es den Schülern nicht gestattet, das Handy auf dem Schulhof zu benutzen. Doch die wenigsten Schüler hielten sich daran und so telefonierten sie heimlich auf der Toilette oder auf dem Schulhof, wenn gerade kein Lehrer in der Nähe war.

„Ja, und?", fragte Melinda, die sich nun irgendwie schon denken konnte, was Judy ihr sagen wollte.

„Naomi ist im Krankenhaus. Sie hat drei gebrochene Rippen. Sie sagt, es war dein komischer Freund, der über sie hinweggetrampelt sei wie eine Horde Elefanten. Dabei wusste gar keiner von uns dreien, dass du einen Freund hast, Melinda. Warum hast du nie von ihm erzählt?"

„Mein Freund?", fragte Melinda verdutzt.

„Was für ein Freund?", fragte sie noch einmal erstaunt.

„Na dieser Ausländer, Macumbara oder so ähnlich. Er hat gesagt, er soll sie von dir grüßen. Sie hat erzählt, er hätte sich als Elefant verkleidet und wäre dann auf ihr herumgetrampelt, als sie am Abend todmüde im Bett lag.

Das hat sie auch ihren Eltern und den Ärzten im Krankenhaus erzählt und die haben gerade die Polizei informiert. Ich fand, du solltest das wissen."

„So, und warum sollte ich das nun unbedingt wissen?", fragte Melinda Judy. Seltsamerweise hatte Judy in keiner Weise einen triumphierenden Gesichtsausdruck oder Tonfall an sich gehabt, während sie dies berichtete.

„Ich, ich weiß nicht", stotterte nun Judy vor sich hin.

„Stimmt das denn? Ich meine, dass das dein Freund ist, der all diese schrecklichen Dinge macht. Erst beißt er Emily einen Finger ab, jetzt das mit Naomi. Melinda, ich habe Angst, dass ich die Nächste bin, die er nachts besucht und irgendwie verletzt, verstehst du das?", fragte Judy, die auf einmal richtig verängstigt wirkte und gar nicht mehr so selbstbewusst wie sonst ausschaute.

„Ich habe keinen Freund, der so heißt. Vielleicht hat Naomi geträumt und ist aus dem Bett gefallen. Dabei kann man sich doch auch die Rippen brechen, oder?"

„Das wäre aber ein komischer Zufall, meinst du nicht? Erst Emily, die von einem beißenden Schweinemonster träumt und am nächsten Morgen fehlt ihr ein Finger. Und nun Naomi, die von einem Elefanten träumt und sie wacht mit gebrochenen Rippen auf. Ich glaube nicht an solche Zufälle, Melinda. Wenn er nicht dein Freund ist, wer ist er dann?", fragte Judy, die nun gar nichts mehr von der einst überheblichen Klassenkameradin an sich hatte.

„Melinda, ich habe wirklich Angst. Ja, wir haben uns dir gegenüber schrecklich benommen und wahrscheinlich haben wir es auch verdient, dass uns jemand Angst einjagt. Es tut mir leid, dass ich da immer mitgemacht habe. Jetzt weiß ich, wie man sich fühlt, wenn man Angst vor jemandem hat. Ich mache so etwas auch bestimmt nicht wieder. Aber bitte, Melinda, überlege, wer dieser Maca -maca Dingsbums sein kann. Die Polizei scheint auch nicht daran zu glauben, dass da jemand Fremdes in ihrem Zimmer war. Sie haben überall

Fingerabdrücke genommen und nichts Auffälliges gefunden. Es konnte auch keiner ins Haus rein. Also, komisch ist das schon. Aber irgendetwas ist da passiert. Die beiden haben das nicht nur geträumt, das weiß ich genau!", wiederholte Judy. Melinda war indes recht nachdenklich geworden. Sie wusste nun auch, dass das Ganze kein Zufall sein konnte. Doch wie, um Himmels willen, war so etwas möglich?

Sie musste heute Abend unbedingt mit Macumbara reden. Er musste mit seinem Rachefeldzug gegen die Mädchen aufhören, bevor womöglich noch etwas Schlimmeres geschah.

Am Abend lag Melinda in ihrem Bett und betrachtete sorgenvoll das Amulett, welches sie in ihrer Hand hielt.

„Macumbara, ich muss mit dir reden", sagte sie und hoffte, darauf irgendwie eine Antwort zu bekommen.

Doch nichts tat sich.

„Macumbara, ich weiß nicht, ob du mich hören kannst. Ich weiß ja nicht einmal, ob es dich wirklich gibt. Aber eigentlich denke ich, dass das, was da mit Naomi und Emily passiert ist, kein Zufall sein kann, oder?

Du wolltest mich rächen, ist das so? Du wolltest mir helfen, damit mich diese Mädchen nicht mehr ärgern und mobben.

Aber jetzt ist es genug, hörst du? Ich bitte dich, damit aufzuhören, ihnen wehzutun. Sie werden mich von nun an in Ruhe lassen, das weiß ich genau. Ich bitte dich darum, sie nun auch in Ruhe zu lassen. Kannst du mir ein Zeichen geben, damit ich weiß, dass du mich verstanden hast und ich mir das Ganze nicht nur eingebildet habe?"

Doch immer noch tat sich nichts. Lange wartete Melinda auf eine Antwort oder ein Zeichen, doch irgendwann musste sie erschöpft eingeschlafen sein. Denn sie träumte wirres Zeug von Tieren, die sie vor dem Schlachter retten sollte.

Als Melinda am nächsten Morgen in der Küche stand, um sich ihr Schulbrot zu schmieren, klingelte es plötzlich an der

Wohnungstür. Draußen standen zwei Herren von der Kriminalpolizei, die darum baten, hereinkommen zu dürfen. Melindas Mutter führte die beiden ins Wohnzimmer und holte Melinda, nach der die Polizisten fragten.

„Guten Tag Melinda, mein Name ist Michael Haas und das ist mein Kollege Stefan Müller. Wir beide sind von der Kriminalpolizei. Du hast doch sicher davon gehört, dass deine Schulkameraden Emily und Naomi – nun eh, verletzt worden sind, oder? Wir untersuchen, wie es dazu kommen konnte und wer die Mädchen so verletzt hat, falls es ein Fremdverschulden war."

„Guten Morgen. Ja, glauben Sie denn, dass das jemand Fremdes gemacht hat? Ich dachte, die zwei hätten sich im Schlaf selbst verletzt", sagte Melinda, die es nun doch mit der Angst zu tun bekam.

„Bei polizeilichen Arbeiten geht es weniger darum, was wir glauben, sondern um Hinweise und Beweise, die uns sagen, was tatsächlich geschehen ist. Auch wenn wir persönlich vielleicht nicht immer an ein Fremdverschulden oder eine Straftat glauben, so müssen wir doch jeden Fall eingehend untersuchen, um sichergehen zu können, dass wir mit unserer Annahme auch richtig liegen, verstehst du?", fragte der nette Herr Müller.

„Ja, das verstehe ich wohl. Und was wollen Sie jetzt von mir wissen?", fragte Melinda und setzte sich.

„Die beiden Mädchen haben dich in den letzten Wochen immer wieder geärgert, nicht wahr?"

„Ja, die beiden und noch ein drittes Mädchen. Judy Tross. Aber ich hatte richtige Angst vor den dreien. Da gehe ich doch nicht hin und tue den dreien etwas. Außerdem sind die alle viel stärker als ich", meinte Melinda.

„Ja, das können wir uns denken, Melinda. Nun, Judy ist ja auch nichts passiert. Außerdem haben wir ja nicht behauptet, dass du etwas mit der Sache zu tun hättest. Aber wie steht es denn mit einem Freund, dem du vielleicht erzählt hast, wie sehr du immer unter den Drangsalen dieser drei Mädchen zu Leiden hast?", wollte nun Herr Haas von ihr wissen.

„Meine Tochter hat keinen Freund, davon wüsste ich", mischte sich nun Melindas Mutter ein.

„So, und wer ist dann dieser Macumbara von dem die Mädchen unabhängig voneinander gesprochen haben?", wollte der gestrenge Herr Haas nun wissen.

„Melinda, kennst du einen Jungen namens Maca – Macumbara?", fragte nun die Mutter.

„Nein, ich kenne keinen Jungen mit diesem Namen", antwortete Melinda wahrheitsgemäß.

„Nun, das war es schon, Melinda. Mehr wollten wir nicht wissen. Wir mussten dich das halt fragen, da die Mädchen behauptet hatten, dein Freund namens Macumbara hätte die beiden verletzt, das verstehst du doch?"

„Ja, das verstehe ich", sagte Melinda, die froh darüber war, dass die Befragung schon zu Ende war.

Nachdem die Beamten endlich gegangen waren, war es schon so spät, dass Melinda zu spät in die Schule kam.

Doch in Gedanken war sie ohnehin weniger in der Schule als bei dem Gespräch mit den beiden Polizisten.

Sie wusste zwar, dass man ihr geglaubt hatte, aber ein ungutes Gefühl blieb trotzdem zurück. Außerdem hatte sie Angst, dass Macumbara wieder zuschlagen und jemanden im Schlaf verletzen könnte. Was könnte sie nur tun, um sicherzugehen, dass Macumbara endlich Ruhe gab?

Da fiel ihr die Nachbarin ein. Sie brauchte doch nur zu ihr zu gehen und sie zu fragen, was zu tun sei. Sie hatte ihr doch schließlich das Amulett gegeben und wusste bestimmt, wie sie Macumbara Einhalt gebieten konnte. Melinda konnte es kaum noch erwarten, bis endlich die Schule zu Ende war und sie zur

Nachbarin gehen konnte. Sie rannte mehr als sie lief, bis sie endlich vor der Haustür der Nachbarin stand und auf die Klingel drückte. Da wurde die Tür geöffnet und die nette Frau, die sie damals so mitfühlend getröstet hatte, erschien im Türrahmen. „Hallo Melinda, das ist aber eine Überraschung! Schön, dich zu sehen, komm doch rein!", bat sie Melinda mit einer einladenden Handbewegung.

„Danke Frau, eh, wie heißen sie eigentlich?", wollte Melinda gern wissen.

„Melinda, du kannst mich ruhig duzen. Ich heiße Karin. Magst du vielleicht etwas trinken? Einen Kakao vielleicht oder ein Wasser?"

„Nein Danke, Karin. Nein, ich … Ich habe ein Problem und nur Sie – eh, ich meine du, kannst mir helfen."

„Nanu, wo drückt denn der Schuh", fragte Karin erstaunt.

„Du hast mir doch dieses seltsame Amulett hier gegeben", fing Melinda an.

„Ja, es stellt Macumbara dar. Er soll bei den Eingeborenen eines Urvolkes irgendwo in einem kleinen afrikanischen Landstrich als Rachegott verehrt worden sein, der die Unterdrückten rächt. Angeblich soll er auch für gute Träume bei den Opfern von Gewalt sorgen. Na, ist denn heute wieder alles gut? Und hast du gut geschlafen und etwas Schönes geträumt?"

„Naja, irgendwie schon, aber…"

„Aber? Was ist denn, Melinda? Was ist denn los mit dir? Du weinst ja.", sagte Karin da erschrocken.

„Ja, Macumbara hat zwei von den Mädchen, die mich immer so geärgert haben, nachts überfallen und verletzt. Er hat Emily einen Finger abgebissen und Naomi die Rippen gebrochen", schluchzte Melinda.

„Melinda, das kann nicht sein. Du glaubst doch nicht etwa an Gespenster, Geister und solche Dinge? Die Ureinwohner dieser afrikanischen Region, die Macumbara verehrten, wussten es nicht besser", versuchte Karin zu erklären.

„Sie glaubten wirklich an seine Kräfte. Aber es gibt keinen Macumbara, glaube mir!"

„Aber du hast mir doch das Amulett selbst gegeben und mir gesagt, dass es würde mir helfen würde!"

„Melinda, ja, als Seelentröster, dem du deine Sorgen erzählen kannst. Kleine Kinder erzählen ihren Kummer gern ihren Puppen, aber dafür bist du ja schon zu groß. Also gab ich dir die Kette mit dem Amulett. Ich dachte, wenn du dir deinen Kummer vor dem Schlafengehen von der Seele redest, würde dir das helfen. Außerdem kommt man dabei manchmal auf eine Art Lösung für seine Probleme und es löst sich etwas im Inneren, verstehst du? So war das von mir gemeint.

Aber doch nicht, dass Macumbara die Mädchen verletzt. Wann und wie soll er das denn getan haben?"

„Vor ein paar Tagen, in der Nacht, nachdem du mir das Amulett gegeben hast, war er bei Emily und eine Nacht später bei Naomi."

„Aber Melinda, das war *gestern*. Ich habe dir das Amulett *gestern* gegeben. Weißt du das denn nicht mehr? Du bist dann nach Hause gegangen mit dem Amulett. Du musst das alles geträumt haben, Melinda."

Melinda war schockiert über Karins Worte, doch dann fiel ihr etwas ein.

„Aber das kann nicht sein, Karin. Heute früh war die Polizei bei uns und hat mich gefragt, ob ich einen Freund namens Macumbara hätte. Danach bin ich in die Schule gegangen. Wann hätte ich das denn überhaupt träumen sollen?"

„Vielleicht hast du das auch nur geträumt. Ruf doch mal bei den Mädchen an. Da erfährst du bestimmt Genaueres und weißt dann, dass alles in Ordnung ist", meinte Karin.

„Nein, bei den Mädchen mag ich nicht anrufen. Aber vielleicht könnte ich in der Schule anrufen. Meine Klassenlehrerin ist immer noch bis 15 Uhr in der Schule. Ich könnte sie fragen, ob sie weiß, wie es Emily und Naomi geht. Oh, bitte, könnte ich von dir aus in der Schule anrufen? Ich will nicht, dass meine Mutter davon etwas mitbekommt."

„Karin, da fällt mir etwas ein: Ich kann das nicht alles nur geträumt haben. Ich war doch in der Schule und die beiden haben heute wirklich gefehlt."

„Jetzt rufst du erst einmal in der Schule an und dann sehen wir weiter", meinte Karin und gab ihr den Telefonhörer in die Hand. Melinda wählte die Nummer des Lehrerzimmers und bat darum, mit ihrer Lehrerin sprechen zu dürfen.

„Hallo Frau Knöpfel? Hier ist Melinda. Ich wollte sie einmal fragen, ob Sie wissen, wie es Emily und Naomi geht."

„Melinda, na so was. Du warst doch vorhin in der Schule, da hättest du die beiden doch selbst fragen können.

Naja, so gut versteht ihr euch ja nicht, habe ich bemerkt. Warum willst du das denn überhaupt wissen? Sie ärgern dich doch so oft.

Aber jetzt, wo du am Telefon bist, muss ich dich auch etwas fragen. Was war denn mit euch Mädels heute los?"

„Wie? Sie meinen, Emily und Naomi waren heute wieder in der Schule? Und was soll mit uns losgewesen sein?", fragte Melinda erstaunt.

„Aber Melinda, warum sollten sie denn nicht in der Schule gewesen sein? Und was los war, kann ich dir sagen: Emily, Naomi, Judy und du – ihr vier seid während des Geschichtsunterrichts einfach eingeschlafen. Wir haben über die Kultur und Religion eines kleinen afrikanischen Eingeborenenstammes gesprochen und plötzlich habt ihr vier mit euren Köpfen auf den Tischen gelegen und seid fest eingeschlafen. Ich fand das so erstaunlich, dass ich euch erst einmal eine Viertelstunde habe schlafen lassen.

Du hattest die ganze Zeit dieses Amulett in der Hand und hast vor dich hingemurmelt: Danke Macumbara, oder so ähnlich. Auch als die ganze Klasse laut gebrüllt hat vor Lachen, seid ihr noch seid ihr nicht wachgeworden", meinte Frau Knöpfel.

„Oh, Frau Knöpfel, vielen, vielen Dank. Ich könnte Sie jetzt küssen!", rief Melinda in den Hörer und legte auf.

„Nanu?", meinte die Lehrerin verdutzt und legte ebenfalls auf.

„Karin, Karin, es war wohl tatsächlich nur ein Traum. Frau Knöpfel hat bestätigt, dass ich heute in der Schule eingeschlafen bin. Wahrscheinlich habe ich das alles nur geträumt, ohne dass ich gemerkt habe, dass ich träume. Komisch nur, dass die drei Mädchen auch zur gleichen Zeit eingeschlafen waren. Was die drei wohl geträumt haben?", überlegte Melinda.

„Na, dann ist ja alles gut. Aber, Melinda, eines noch: Denk immer daran: Lass deinen Ärger los, denn was du nicht loslässt, lässt dich nicht los."

Wieder zu Hause angekommen, zog Melinda die Kette mit dem Amulett aus und legte sie in die Schublade ihres Nachttisches. Trotzdem musste sie dauernd an die Mädchen denken. Auch die alte Wut über die drei Mädchen kam plötzlich wieder hoch. Eigentlich hätten die Mädchen ja eine Strafe verdient. Dass sie so ganz ungeschoren davonkommen sollten – damit war Melinda nicht wirklich einverstanden. Von der Vergangenheit loslassen, das konnte sie doch noch nicht ganz.

Plötzlich klingelte das Telefon. Da Melindas Mutter nicht zu Hause war, nahm Melinda den Hörer ab.

Es waren Emily, Naomi und Judy, die sich alle drei bei ihr entschuldigen wollten.

Melinda nahm die Entschuldigung zwar scheinbar an und bedankte sich sogar noch für den Anruf. Doch insgeheim konnte sie den Mädchen nicht verzeihen. Zu viel war geschehen und irgendwie fand sie es ungerecht, dass nun alles wieder „normal" sein sollte. Für sie war nichts „normal" und würde es auch in der nächsten Zeit vermutlich nicht sein. Obwohl sie nicht gewollt hätte, dass den Mädchen etwas Schlimmes widerfährt, so hätte sie doch gern eine kleine Genugtuung gehabt. Sie dachte an Macumbara. Und wie das so im Leben ist: Sie wollte gerade auflegen, da hörte sie noch wie Emily zu ihr sagte:

„Schöne Grüße an deinen Freund Macumbara".

Dann legte sie auf.

HALLO LIEBE LESER,

bitte verzeihen Sie mir, dass ich keine gendergerechte Sprache verwende. Ich konzentriere mich lieber auf das Wesentliche. Alles andere ist mir zu kompliziert. Wenn ich Sie als Leser anspreche, dann meine ich jeden, der gerade mein Buch liest – ob Junge, Mann, Mädchen, Frau oder einfach alles zusammen oder etwas ganz anderes.

Jeder Mensch ist – ganz so, wie er ist – einzigartig und genau richtig so.

Und dennoch spiegeln wir uns im jeweils Anderen und können dies als Chance zur Selbsterkenntnis nutzen.

Für alle, die wissen möchten, wie es dem armen Herrn Lindemann weiter ergeht und welche Geschichten der Seelenspiegel sonst noch zu erzählen hat, wird es demnächst einen zweiten Band geben. Sie dürfen gespannt sein: Kommt Herr Lindemann wieder frei und wenn ja, wer wird dann in dem ominösen Spiegel gefangen sein und sich solange dessen lehrreichen und spannenden Geschichten anhören dürfen?

In jedem von uns steckt ein kleiner Herr Lindemann. Wie oft erkennen wir uns im Anderen (oder auch nicht) und welche Aspekte mögen wir weder bei uns noch bei anderen Menschen?

Es lohnt sich, einmal darüber nachzudenken. Wir alle sind Meister des Verdrängens und Projizierens. Und doch schaffen wir gerade dadurch – meist unbwusst – unsere eigene Realität. Diese ist nicht etwa objektiv, sondern ganz individuell. Somit lebt jeder Mensch ein wenig in seiner eigenen Welt – manchmal auch gefangen, wie unser Herr Lindemann.

Wenn man es so sieht, war Herr Lindemann bereits vorher in seiner Welt gefangen und der Spiegel bedeutet eigentlich die Chance zur Befreiung aus dieser eingeschränkten Welt. Denn wenn wir die Welt einmal mit anderen Augen sehen, eröffnen sich neue Horizonte und sie wird vielfältiger, größer und vielleicht auch schöner, als wir sie vorher wahrgenommen hatten.

Das, was uns unbewusst beschäftigt, lässt sich eben nicht auf Dauer verdrängen, sondern möchte gern ins Bewusstsein gelangen. Deshalb sehen Schwangere Frauen überall Mütter mit Kindern, Ärzte befürchten oft überall Krankheiten und Taschendiebe sehen bei jedem Menschen nur die Taschen. Deshalb sieht der gleiche Wald für den Naturliebhaber anders aus als für den Baumfäller. Und deshalb sieht der eine in der Kuh ein soziales Wesen und der andere Mensch eine Quelle für Kuhmilch.

Doch mit welchen Augen betrachten Sie Ihre Welt?

Haben Sie sich in einer dieser Geschichten wiedererkannt? Fühlen Sie sich manchmal wie der Mann vor dem Spiegel, dessen Leben geordnet, aber recht eintönig verläuft und der auf der Suche nach sich selbst die (scheinbar) polare Gegenwelt aufsucht?

Oder sind Sie eher derjenige, der anderen Menschen gnadenlos den Spiegel vorhält?

Haben Sie sich auch schon einmal (vielleicht unbewusst) etwas vorgemacht, um eine unerträgliche Situation besser ertragen zu können?

In der Geschichte mit Kemal hat diese Fähigkeit dem Jungen das Leben gerettet.

Oder kennen Sie das Gefühl der Nähe eines Verstorbenen und wollen es doch nicht wahrhaben? Je mehr Sie versuchen, einen Menschen zu vergessen, desto öfter müssen Sie an ihn denken.

Und wie oft saßen Sie schon in diesem Leben fest und konnten weder vor noch zurück, bis Sie Ihre Vergangenheit geordnet hatten, um im Leben weitergehen zu können? Dies gilt für unser nächstes Leben wohl genauso wie für jeden neuen Tag. Das Leben ist eben bunt und hat viele Facetten – genau wie jeder einzelne Mensch von uns. Es ist ein wenig wie bei einem Kaleidoskop: Die Farben und Steinchen sind immer die gleichen. Doch sie ergeben bei jedem Drehen ein neues, noch nie dagewesenes Muster. Darum gleicht keine Schneeflocke der anderen. Und darum sind wir Menschen auch so einzigartig, obwohl wir uns im Grunde gar nicht so unähnlich sind. Der Stoff, aus dem wir bestehen, ist eben immer der gleiche. Der Unterschied besteht lediglich in unserem jeweiligen, innerem (Lebens)Muster.

Doch wir können ungesunde Verhaltens- und Lebensmuster jederzeit ändern. Es ist nicht immer leicht, doch es lohnt sich. Selbsterkenntnis ist der erste Schritt auf diesem Weg.

Immer wieder gibt es Zeiten im Leben, die uns unsere eingefahrenen und unbewussten Muster und Projektionen vor Augen führen. Doch meist benötigen wir dazu tatsächlich andere Menschen, in denen wir uns widerspiegeln und erkennen können. Gerade unschöne Gefühle wie Wut, Neid oder Ärger hat doch jeder zeitweise – ob er sie nun unterdrückt oder sie bewusst wahrnimmt.

Brauchen Sie dann ebenfalls manchmal einen Macumbara, auf den Sie Ihre Rachegelüste projizieren können?

Auch der (sich selbst manchmal unbekannte) Pastor musste eines Tages feststellen, dass er – ebenfalls unbekannte – Aspekte in sich trägt, die er jahrelang nur krampfhaft unterdrückt hatte.

So geht es wohl den meisten von uns. Wir halten uns gern für tadellos und projizieren Unerwünschtes, Unerklärliches, aber manchmal auch unsere unerkannten Stärken auf andere Menschen, die uns eigentlich als Spiegel dienen könnten.

So sehen wir im Anderen den Bösen, das Idol, den Weisen, den Armen, den Spießer, den Faulen, den Narren, den Heiligen, den Unheiligen und vieles mehr…

Nur in uns selbst, da sehen wir sie nicht.

Dabei hält das Leben uns so manche Geschichte immer wieder spiegelgleich vor Augen, damit wir uns darin erkennen mögen.

„**TAT TWAM ASI**" – **DAS BIST DU!** (Upanishad 6.8.7)

Wenn Sie in einem Raum voller Spiegel säßen und sich selbst noch nie gesehen hätten, würden Sie sich erkennen?

Vielleicht ist dieses Universum genau jener Spiegelraum und Sie sind in Wirklichkeit nicht nur der Gespiegelte, sondern auch das Spiegelbild und der Spiegel zugleich.

Am Ende werden Sie womöglich feststellen, dass Sie selbst dieser Raum sind und es in Wahrheit nichts als diesen unendlichen Raum gibt.

Und wenn es nichts als das Eine gibt, wer sind dann Sie und wer bin ich?

Ihre Christina Meier